在博物馆里富养孩子

蒙　刚　张君升　著

秦皇帝国

陕西新华出版传媒集团
陕西科学技术出版社
Shaanxi Science and Technology Press

图书在版编目（CIP）数据

在博物馆里富养孩子. 秦皇帝国 / 蒙刚, 张君升著. — 西安 : 陕西科学技术出版社, 2023.1

ISBN 978-7-5369-8474-5

Ⅰ. ①在… Ⅱ. ①蒙… ②张… Ⅲ. ①历史文物－中国－秦代－少儿读物 Ⅳ. ①K87-49

中国版本图书馆CIP数据核字(2022)第104097号

在博物馆里富养孩子 秦皇帝国

ZAI BOWUGUAN LI FUYANG HAIZI QINHUANG DIGUO

蒙 刚 张君升 著

责任编辑 张 戬 焦 洁

绘　　画 袁仁贵 姚 勇

摄　　影 高 朝 高鹏程 王竹宝

封面设计 萌豆文化

审　　稿 辛建军 张宁博 高 娟 李乾鑫 纪文波

出 版 者 陕西新华出版传媒集团 陕西科学技术出版社
西安市曲江新区登高路1388号陕西新华出版传媒产业大厦B座
电话（029）81205187 传真（029）81205155 邮编 710061
http://www.snstp.com

发 行 者 陕西新华出版传媒集团 陕西科学技术出版社
电话（029）81205180 81206809

印　　刷 西安五星印刷有限公司

规　　格 787mm × 1092mm 16开本

印　　张 14

字　　数 260千字

版　　次 2023年1月第 1 版
2023年1月第 1 次印刷

书　　号 ISBN 978-7-5369-8474-5

定　　价 128.00元

作者简介

蒙 刚

陕西青年网主编

中共党员，大学历史教育学专业毕业，曾担任历史学科教师，讲课深入浅出，深受学生好评，荣获多次奖励。曾任北京东方园林文旅项目总监，负责文化项目研判。个人事迹先后被《中国旅游报》《中国网》等多家媒体专题报道。2020年，签约入驻高建群艺术社区。

张君升

副教授

中国职业技术教育学会

智慧旅游职业教育专委会副秘书长

国家文化与旅游部中高级导游考试命题专家，全国高等院校导游服务技能大赛赛项裁判，渭南技师学院党委副书记、院长，国际金钥匙学院荣誉董事、西安分院院长，陕西省导游大赛评委，陕西省导游资格考试评委、口试考官，陕西旅游饭店协会副会长，陕西省教育学会书法教育专委会副会长，陕西省“职教名师”，陕西省“教书育人楷模”，曾荣获国家级教学成果二等奖。主编《西安实用导游》《陕西导游词》《趣闻陕西》《乐游曲江》《导游知识专题》等30余部文旅方面的著作。

中华优秀传统文化是中华文明的智慧结晶和精华所在，是中华民族的根和魂，是我们在世界文化激荡中站稳脚跟的根基。

——2022年5月27日，习近平在中共中央政治局第三十九次集体学习时的讲话

序

南长森教授送来张君升和蒙刚先生编写的《在博物馆里富养孩子》，让我为这套书作个序。我看完书稿，觉得此书融知识性和趣味性于一体，图文并茂，通俗易懂，是适合青少年阅读的好书。

青少年时代是“三观”形成的重要阶段。让青少年学习优秀的历史文化，有助于他们形成正确的人生观、价值观和世界观。中国是世界四大文明古国之一，在5000多年漫长的历史岁月中，留下了许多文物古迹。其中不少文物被珍藏在博物馆中，是中国优秀传统文化的历史见证。目前我国备案的博物馆已近6000家。这些博物馆大体可以分为自然博物馆和人文博物馆两大类别，都具有公益的性质和展示的功能，都可以实现教育推广的目标。

博物馆是弘扬人文精神的重要阵地，特别是历史类型的博物馆，在传播历史文化和体现人文精神方面更是具有得天独厚的条件。比如秦始皇陵兵马俑博物馆收藏着秦代庞大的“地下军团”，是了解秦代军事和秦代社会生活的重要场所，被誉为“世界第八大奇迹”。这些兵马俑不仅是珍贵的艺术品，而且是珍贵的历史资料，包含着极为丰富的人文因素。又如，陕西历史博物馆收藏有170多万件重要文物。这些文物涉及社会生活的许多方面，是我们的祖先在漫长的历史岁月中创造出来的文化财富。从表面上看，这些文物都是物化的东西，但实际上，它体现了当时的社会文明、体现了我们祖先的创新意识和创造能力，人文意蕴是非常浓厚的。再如，碑林博物馆藏有历代碑志2000余通，还有大量的造像石刻，是闻名中外的金石学宝库。昭陵博物馆和乾陵博物馆也收藏着数量可观的碑石。这些金石资料中也包含着极为丰富的人文因素。认真保护博物馆的藏品，对这些藏品进行分类研究，从各类文物中发掘出最具人文色彩的素材，并用科学的方法把它们展示出来，自然可以使广大观众从这些文物中感受到强烈的人文气息。

博物馆也是重要的爱国主义教育重要基地。爱国主义是一个永恒的话题。在新的历史时期，国际形势复杂多变，国际竞争异常激烈。在这种情况下，宣传爱国主义、弘扬爱国精神，对于增强民族自尊心和民族凝聚力具有重要意义。博物馆中保存了丰富的爱国主义素材，这些素材是文献资料所无法替代的。除中国革命博物馆中陈列的革命先烈抛头颅、洒热血、前赴后继闹革命的物证以外，其他博物馆也珍藏着许多爱国主义教育的内容。比如，半坡博物馆有6000年前的村落遗址以及遗址中出土的彩陶；宝鸡青铜器博物馆有种类繁多的商周青铜器；秦始皇陵兵马俑博物馆有气势磅礴的地下军团；阳陵博物馆有栩栩如生的汉兵马俑；茂陵博物馆有古朴豪放的大型石刻；汉台博物馆有价值连城的石门十三品；乾陵博物馆有光彩夺目的壁画；法门寺博物馆有精美绝伦的金银器；耀州窑博物馆有名闻遐迩的瓷器；碑林博物馆有千姿百态的造像和内容丰富的书法作品；咸阳博物馆、延安革命纪念馆和陕西历史博物馆也有大量的珍贵文物。这些文物或展现先民生产、生活的场景，或展现商周时代发达的青铜文化，或展现蓬勃向上的秦汉雄风，或展现开放、繁荣的唐代文明，都是中华民族奋发图强的历史见证，凝聚着中华民族的创造力和向心力，可以激发人们热爱祖国的思想感情。可以说博物馆具有强大的社会功能，它不仅是获取知识、启迪智慧的殿堂，而且是进行爱国主义教育的阵地。

然而，对于大多数青少年而言，能够参观博物馆的机会毕竟是有限的。他们要上学，没有时间到全国各地的博物馆参观学习。习近平总书记在参观西安博物院时发表重要讲话，要求“让文物活起来”，实际上就是优化文物的展示方式，让进入博物馆的人更好地了解文物，让无法进入博物馆的人也能对文物有所了解。张君升先生和蒙刚先生对博物馆的社会功能和青少年的实际情况都有充分的认识，因而专门编写了这套《在博物馆里富养孩子》。全书按照周秦汉唐的时代顺序，分为《周礼天下》《秦皇帝国》《大汉雄风》《盛唐气度》四册，以博物馆里的珍贵文物为主要对象，展示了周秦汉唐时代的历史风貌和社会文明。其目的就是要让广大青少年足不出户，认识收藏在各地博物馆中的珍贵文物，感悟博大精深的传统文化。

在这套书中，作者首先介绍了中国百年考古历史和不一样的陕西。在此基础上，以通俗的文字和配图描述了周秦汉唐社会发展演变的基本线索，进而选择具有典型性的精美文物，展示文物图片，注明文物的名称、用途、出土地点和馆藏地点，通过“文物解密”“史料知库”“超级点评”等版块对该文物进行简明扼要的介绍，或通过“米朵”“俊俊”“晨晨”“记者”等虚拟人物与相关文物或人物的对话，生动形象地对所选文物或文化现象进行解读，从而在一定程度上使文物“活”了起来，使青少年可以在轻松愉快的气氛中了解历史、认识文物，学习中国优秀的传统文化，感悟灿烂的中国文明。这套书的优点是既有科学，又有知识性和趣味性，是作者献给青少年的文化盛宴。用中国优秀的历史文化来给孩子补充营养，肯定会收到良好的效益。当然，家长阅读这套书，对提升自己的人文素养也是有好处的。

陕西师范大学历史文化学院教授

博士生导师　　　　王双怀

央视“百家讲坛”主讲人

2022年中秋节 作于觅道斋

为什么要学历史

“有输入，才会有输出”
纵观历史，许多名人贤士开口便引经据典、滔滔不绝
写作时文思泉涌、妙笔生花

学习历史可以使我们积累更多的知识与智慧
大脑就像一个储存知识的蓄水池
水位只增不减，且终生受益

“历史”不仅是一面镜子、一个榜样、一种警示
还是无穷智慧的来源与总结
“知史明智，行以致远”
畅游过历史的孩子
有见识、有思想、有智慧、有格局、有责任、有担当

在生活、学习、工作过程中少走弯路
在历史长河中找到榜样，发现优秀而伟大的精神
从而
精神更富有、格局更广大、毅力更坚强、心胸更开阔、生命更宽广
在人生的道路上奋勇前行

坚持“站在当时看当时”的原则
融入当时的历史环境中看历史、分析历史
锻炼孩子的思辨能力，打开孩子智慧的宝库
最终让知识为我们所用

CONTENTS

目录

第一章　帝国崛起　大秦永固

第二章　秦始皇帝陵探秘

第三章 云梦秦简

第四章 里耶秦简

一

大秦

帝国崛起

永固

从甘肃礼县到陕西雍城

从栎（yuè）阳到咸阳

一个游牧部落历经500余年的努力

最终横扫六国、一统天下

大秦王朝

建立者 嬴政

时　间 公元前221年～公元前207年

国　都 咸阳

历经君主 3位

政治制度 三公九卿制、郡县制

国　祚 15年

成　就 完成华夏统一，创造了中华民族原生态文明

历史影响

1.历经500多年历代秦人的努力，秦王嬴政最终实现了“天下一统”，从而奠定了中华民族大一统的基础。

2.秦始皇开创了一套完整的中央集权制国家管理制度，影响了中华民族2000多年，可谓是“百代皆行秦政”。

3.秦始皇废除分封制，实行郡县制，最初将天下分为36郡，从此开创了历代王朝地方行政的基本模式。

4.秦始皇统一文字、货币、度量衡，加强了国家的统一，促进了各地的经济交流。

5.秦朝的疆域东至东海，西至陇西，北至长城，南达南海，是当时世界上的大国之一。

镇国之宝 命运曲折

名　　称：石鼓

发现地点：627年发现于今陕西省宝鸡市石鼓山

馆藏地点：北京故宫博物院

秦石鼓文是中国的九大镇国之宝之一
被誉为大秦帝国的“东方红”
石鼓被康有为赞誉为“中华第一古物”

文物解密

石鼓文是刻于形似鼓的石头上的文字
内容多为渔猎之事，所以又称《猎碣》
记述了秦始皇统一前的历史，是目前发现最早的石刻诗文

石鼓共10面，形似鼓，上细下粗，顶部略圆
高二尺，直径一尺多，重约一吨
石鼓的文字是大篆到小篆的过渡字体，有“篆书之祖”之美誉
严谨工整，雄浑奔放，刚柔相济
康有为称其“如金钿委地，芝草团云，不烦整截，自有奇采”
篆书爱好者将此奉为正宗，临摹学习

627年，石鼓被一牧羊人在今天陕西省宝鸡市石鼓山发现
“安史之乱”爆发，唐肃宗在雍城避难时，听闻石鼓
令属下将石鼓移至雍城观赏
叛兵逼近，石鼓被仓促掩藏，战乱平息后石鼓重现
可惜1面遗失，其余字迹残缺不全
唐末战乱频发，9面石鼓被盗，从此消失

宋仁宗喜欢书画，令人寻找消失的石鼓
时任凤翔知府的司马光之父司马池闻讯极力寻找到9面
令工匠仿制了1面，司马池因功受赏
后因被识破而获罪

北宋金石收藏家向传师以石鼓拓片寻找遗失的石鼓
历经波折
在一家客栈后院发现了消失了200多年的石鼓
被用来磨刀

宋徽宗时期在文字槽缝中填金装饰
靖康之变时，石鼓被掠走，金被剔除，移至荒野
1234年，王檝（jí）发现石鼓，并移至孔庙看护
元、明、清三朝一直在北京保存

抗日战争爆发，10面石鼓随其他国宝南迁至南京，后被送至重庆
抗战胜利后又运回南京
解放战争时
国民党败退台湾时，准备运至台湾，因飞机超重而留下
现藏于北京故宫博物院

石鼓文拓片

史料知库

九大镇国之宝

1.商周太阳神鸟金饰 2.西周利簋 3.秦石鼓文 4.春秋《孙子兵法》竹简 5.晋代《平复帖》 6.唐代《五牛图》 7.宋代真珠舍利宝幢 8.北宋定窑孩儿枕 9.元代渎（dú）山大玉海

一路东进 秦人崛起

秦人迁徙图

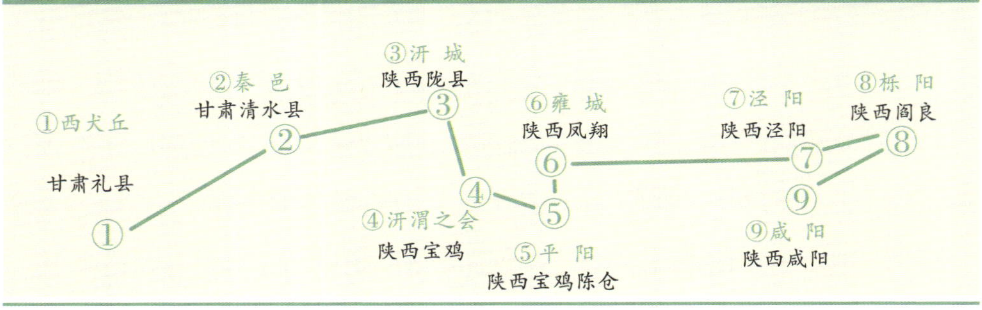

秦人由西向东征战的进程中
逐渐形成了
尚武善战、坚忍不拔、开拓进取的精神
历代贤君纳才纳谏，锐意进取
求同存异的用人与治国理念
最终成为
秦人完成一统大业的关键因素

血不流干，死不休战
先辈倒下，后辈继续
秦人以坚定的信念、坚强的毅力、百折不挠的精神
最终横扫六国，一统华夏，实现了历代先祖的宏愿
由此，中国历史进入了一个崭新的时代

建造城邑 穆公霸业

秦人的先祖非子
因善于养马得到周孝王的赏识和重用
秦人开始在甘肃东南渭河上游建造城邑，称为“秦地”

公元前770年，秦襄公护送周平王迁都洛邑有功
被封为诸侯，并赐予岐西之地
秦人经过几代人浴血奋战，赶走了霸占自己封地的西戎
长期的斗争使秦人形成了尚武的精神
封闭的生存环境，致使秦国被中原各国视为蛮夷之国

公元前659年，秦穆公继位
在百里奚、蹇（jiǎn）叔等人的辅佐下，秦国迅速强大
打败了西戎，疆域扩展至黄河以西

秦穆公去世后，厉公、躁公、简公和出子4代乱政
混乱长达300多年，国力衰弱
公元前362年，秦孝公继位
立志要恢复穆公霸业，改变“诸侯卑秦”的局面

史料知库

百里奚，春秋时期虞国（今山西平陆北）人。公元前655年，百里奚被晋国俘虏。晋献公将百里奚作为陪嫁奴隶送于秦国。百里奚不堪受辱，逃往南阳时被楚人抓住，并让他去放牛。秦穆公以缉拿逃奴为由，用五张羊皮赎回百里奚，拜为大夫，因此被人称为“五羖(gǔ）大夫”。百里奚为相期间，勤于理政，举荐贤才蹇叔等人，使秦大治，称霸西戎，建立霸业。

秦公大墓 五大之最

名　　称：石磬（qìng）

用　　途：乐器

出土地点：1977~1986年宝鸡市凤翔区秦公一号大墓

馆藏地点：陕西考古博物馆

"中"字形大墓

"黄肠题凑"葬具，186具殉人，206个文字等

在中国考古史上拥有五个"历史之最"

文物解密

根据石磬上"天子匽喜，共桓是嗣。高阳有灵，四方以宓平""唯四年八月初吉甲申"的文字确定墓主人是春秋时期秦国的国君嬴石。秦公一号大墓呈"中"字形结构，由东西两条墓道和墓室三部分组成，全长300米，面积5334平方米。在中国的考古史上有五个历史之最。

1.这是目前发现最大的先秦墓葬；

2."黄肠题凑"是目前发现周、秦时期以来等级最高的葬具；

3.这是目前发现西周以来殉人最多的墓葬，有186具殉人；

4.石磬上的文字多达206个；

5.椁室两壁外侧的木碑是中国墓葬史上最早的墓碑实物。

为了防止空气和水进入，椁室上方及四周用木炭填充，外围再用青膏泥填封。椁木历经2500多年后，依然保存完好。

战场远见 举国御敌

战场勘察报告

秦军食草，秦人可畏。这些牺牲的秦军都是正面中箭，没有一个背面中箭的。我们面对的不是秦军，而是秦人、秦国，这个国家将无敌于天下。

卫鞅

史料知库

公元前362年，秦献公率军20万进攻河西要塞少梁邑。魏国丞相公叔痤率领20万魏军迎战，后公子卬率军6万支援魏军，魏军惨胜，公叔痤被俘，而秦献公中箭身亡。

求贤令

昔我缪公自岐雍之间，修德行武。东平晋乱，以河为界。西霸戎翟，广地千里。天子致伯，诸侯毕贺，为后世开业，甚光美。会往者厉、躁、简公、出子之不宁，国家内忧，未遑外事，三晋攻夺我先君河西地，诸侯卑秦，丑莫大焉。献公即位，镇抚边境，徙治栎阳，且欲东伐，复缪公之故地，修缪公之政令。寡人思念先君之意，常痛于心。宾客群臣有能出奇计强秦者，吾且尊官，与之分土。

遍访秦国 了解现状

《求贤令》颁布后，卫鞅入秦，遍访秦国，对秦国的实际情况有了深入的了解，为之后的变革打好了坚实的基础。一天，卫鞅走到一个秦国的小山村，里正（村长）热情地接待了他。

卫　鞅　里正当过兵吗？

村　长　当过啊，秦国的男人基本上都上过战场。

卫　鞅　作战有功，都没有封个爵位？

村　长　有啥爵位，当时受伤了，马和铠甲都没有拿回来，就光把人抬回来了，哎……

“爵位”那都是贵族的，哪一国有给贱民爵位的？村里没腿没胳膊、全身是伤的多得是。

村　民　里正，那边打架，死人了。

村　长　走，我去看看。

卫　鞅　里正，这是怎么回事啊？

村　长　哎，每年都是这样。为了争夺水源，每年打架都得死上几个人。

卫　鞅　那官府都不管吗？

村　长　都习以为常了，没人管。这日子过得苦啊！

历经数月，卫鞅遍访秦国发现秦人好客、勤劳尚武、勇于私斗、战无奖赏、死无抚恤、生活清苦……这就是秦国现状。

做任何事情之前，都要深入调研，全面了解实际情况和存在的问题等，这样才能作出客观、准确的决策。

任命书

今任命卫鞅为秦国左庶长，统领国政，推行变法。变法不避宗室权贵，一视同仁，违者按律处罚。从今日起，开府理事。

嬴渠梁

大秦改革领导班子

徙木立信 改革开始

变法之前，为了树立官府的威信，卫鞅说谁能将一根木椽从南门扛至北门，赏金五十，众人皆疑虑。有一落魄少年照做，果然得到了五十金，这就是“徙木立信”的历史故事。

商鞅变法 聚力强国

商鞅变法
以军事改革为中心
以“耕”和“战”为核心
这次变法时间长、力度强、影响大、范围广
为秦国崛起奠定了制度基础

内容	耕	战
目的	富国	强兵
政策	本农客农，奖励垦荒	二十级军功爵制
效果	精耕细作，产量激增	闻战则喜，奔走相告
结果	以耕养战，保障后勤	鼓舞了士气，增强了战斗力

“耕战”
是秦国富国强兵的基本国策
秦法规定根据军功大小
授田地、授宅地、授爵位
一人荣获军功，全家世代受益

史料知库

公元前361年，嬴渠梁继位，决心改革，强国富民，颁布求贤令，广纳天下贤才志士。公元前359年，卫鞅被任命为左庶长推行变法，确定了以“法”为本的强国方略，使秦国面貌焕然一新，国力大增，迅速崛起。史料记载：“民闻战而相贺也，起居饮食所歌谣者，战也”；“民之见战也，如饿狼之见肉”。“闻战则喜”的秦人渴望通过上阵杀敌来博取功名，光宗耀祖。

强国之本 闻战则喜

二十级军功爵制

爵位等级	爵位名称
二十等爵	彻侯（列侯）
十九等爵	关内侯
十八等爵	大庶长
十七等爵	驷车庶长
十六等爵	大上造
十五等爵	少上造
十四等爵	右更
十三等爵	中更
十二等爵	左更
十一等爵	右庶长
十等爵	左庶长
九等爵	五大夫
八等爵	公乘
七等爵	公大夫
六等爵	官大夫
五等爵	大夫
四等爵	不更
三等爵	簪袅（zān niǎo）
二等爵	上造
一等爵	公士

迁都咸阳 铸就伟业

公元前350年，秦国从栎阳迁都咸阳
占据了“据天下之上游，制天下之命者也”的战略要地
秦人向东出的目标迈出了坚实的一步
从此走向强盛、走向一统

公元前349年，一道变法诏令从咸阳传遍各诸侯国
凡是来到秦国的人都可以获得自己的土地
并且免除三代人的徭役赋税
土山、岭坡等地10年不收任何赋税
因此，秦国国力快速增长，改变了“诸侯卑秦”的局面

嬴驷龙门相王时，乌氏国国王想趁机索取河西牧场
嬴驷霸气地说道：
“在大秦的领土上，可以放牧，不得放肆”
经过历代先王的努力
公元前221年，秦王嬴政灭六国，一统天下
咸阳成为中国封建社会第一个国都，被誉为“天下第一帝都”

咸阳见证了秦国的崛起
也承载了秦国、秦朝最辉煌的记忆
现今的各种遗迹依然讲述着那段波澜壮阔的历史

史料知库

咸阳，秦之国都。位于九峻（zōng）山南、渭水北，山水俱阳，故名咸阳。秦孝公、秦惠文王、秦武王、秦昭襄王、秦孝文王、秦庄襄王、秦始皇、秦二世皆在此理政。

华夏奇迹 世界惊奇

都江堰是蜀郡太守李冰父子在前人的基础上修建而成的
由分水鱼嘴、飞沙堰、宝瓶口等部分组成
可以自动分流、控制水流、自动排沙，从而消除水患
使成都平原最终从“水患泽国”变成了沃野千里的“天府之国”

江心岛将岷江分为内江和外江，内江窄而深，外江宽而浅
枯水期，水大量流入较深的内江进入成都平原
为人们提供生产生活用水
洪水期，水大量进入宽而浅的外江再进入长江，解决了水患

都江堰如何解决泥沙呢
原来江心岛靠近内江一侧为圆弧形
当岷江水进入弯道时，表面泥沙少的水会进入内江
底层携带大量泥沙的水会流向外江
都江堰堪称水利史上的奇迹，令世人惊叹，令世界惊奇
沃野千里的成都平原为秦统一六国提供了粮食保障
时隔2000多年，郑国渠、灵渠都已失去本有功能
唯有都江堰依然滋养着这片土地

史料知库

《司马错论伐蜀》中说：“欲富国者，务广其地；欲强兵者，务富其民；欲王者，务博其德。三资者备，而王随之矣。今王之地小民贫，故臣愿从事于易。夫蜀，西僻之国也，而戎狄之长也，而有桀纣之乱。以秦攻之，譬如使豺狼逐群羊也。取其地足以广国也，得其财足以富民，缮兵不伤众，而彼已服矣。”

惠王曰：“善！寡人听子。”卒起兵伐蜀，十月取之，遂定蜀，蜀主更号为侯，而使陈庄相蜀。蜀既属，秦益强富厚，轻诸侯。

洪水期，水流经过宽阔的外江流向下游。
外 江
内 江
枯水期，水流经过地势较低的内江进入成都平原。

见证历史 国之重器

镈（bó），是古代的一种乐器。秦公镈，1978年出土于陕西省宝鸡市陈仓区太公庙，通高75.1厘米，高53厘米，重62.5千克，为了解秦音乐文化及青铜冶炼技术提供了真实的实物资料，现藏于宝鸡青铜器博物院。

天下一统

秦始皇

姓嬴，名政，生于赵国邯郸

13岁继承王位，除吕不韦、嫪毐（lào ǎi）集团

22岁亲政，以远交近攻的策略

历时10年，先后灭掉了韩、赵、魏、楚、燕、齐六国

39岁时，一统天下

建立了中国历史上第一个中央集权制帝国

废分封、行郡县

车同轨、书同文、统一货币、统一度量衡

北击匈奴、南平百越

秦始皇成为中国第一个称皇帝的君主

中央集权郡县制是他留给后世最大的遗产，影响后世千年

间谍工程 惠及千秋

商鞅变法后
秦国逐步强大，韩王怕秦国强大后灭掉韩国
公元前246年
韩王派水工郑国入秦实施弱秦、疲秦计划

郑国说服秦王嬴政
在秦国的泾水、洛水两河之间开凿水渠灌溉关中农田
借此消耗秦国的人力、财力

后来计划败露
秦王欲杀郑国，郑国说这条渠对秦“百利无一害”
秦王便赦免了郑国，让他继续修渠

郑国用10年时间修成此渠
这条渠全长150多千米，可以灌溉18万多公顷良田
为秦统一六国，提供了粮食保障
为纪念郑国的功劳，秦王将这条渠命名为“郑国渠”

2016年11月8日
在泰国清迈召开的第二届世界灌溉论坛上，郑国渠申遗成功
成为陕西省第一处世界灌溉工程遗产

由于郑国弱秦、疲秦计划败露，秦王开始驱逐外来的客卿。李斯在这种背景下写了著名的《谏逐客书》，指出这种做法“利于敌而不利于秦”，并列举了穆公得百里奚、孝公得卫鞅，使秦国走向强大、傲视六国的事实。秦王最终又迎回了被驱逐的客卿。

驱逐客卿的错误与危害

《谏逐客书》节选

秦 · 李斯

臣闻吏议逐客，窃以为过矣。昔缪公求士，西取由余于戎，东得百里奚于宛，迎蹇叔于宋，来丕豹、公孙支于晋。此五子者，不产于秦，而穆公用之，并国二十，遂霸西戎。孝公用商鞅之法，移风易俗，民以殷盛，国以富强，百姓乐用，诸侯亲服，获楚、魏之师，举地千里，至今治强。惠王用张仪之计，拔三川之地，西并巴、蜀，北收上郡，南取汉中，包九夷，制鄢、郢，东据成皋之险，割膏腴之壤，遂散六国之众，使之西面事秦，功施到今。昭王得范雎，废穰侯，逐华阳，强公室，杜私门，蚕食诸侯，使秦成帝业。此四君者，皆以客之功。由此观之，客何负于秦哉！向使四君却客而不内，疏士而不用，是使国无富利之实，而秦无强大之名也。

今陛下致昆山之玉，有随和之宝，垂明月之珠，服太阿之剑，乘纤离之马，建翠凤之旗，树灵鼍之鼓。此数宝者，秦不生一焉，而陛下说之，何也？必秦国之所生然后可，则是夜光之璧不饰朝廷；犀象之器不为玩好；郑、卫之女不充后宫，而骏良駃騠不实外厩，江南金锡不为用，西蜀丹青不为采。所以饰后宫、充下陈、娱心意、说耳目者，必出于秦然后可，则是宛珠之簪、傅玑之珥、阿缟之衣、锦绣之饰不进于前,而随俗雅化，佳冶窈窕，赵女不立于侧也。夫击瓮叩缶弹筝搏髀，而歌呼呜呜快耳者，真秦之声也……

臣闻地广者粟多，国大者人众，兵强则士勇。是以太山不让土壤，故能成其大；河海不择细流，故能就其深；王者不却众庶，故能明其德。是以地无四方，民无异国，四时充美，鬼神降福，此五帝三王之所以无敌也。今乃弃黔首以资敌国，却宾客以业诸侯，使天下之士退而不敢西向，裹足不入秦，此所谓“藉寇兵而赍盗粮”者也。夫物不产于秦，可宝者多；士不产于秦，而愿忠者众。今逐客以资敌国，损民以益仇，内自虚而外树怨于诸侯，求国无危，不可得也。

帝国体制 承袭千年

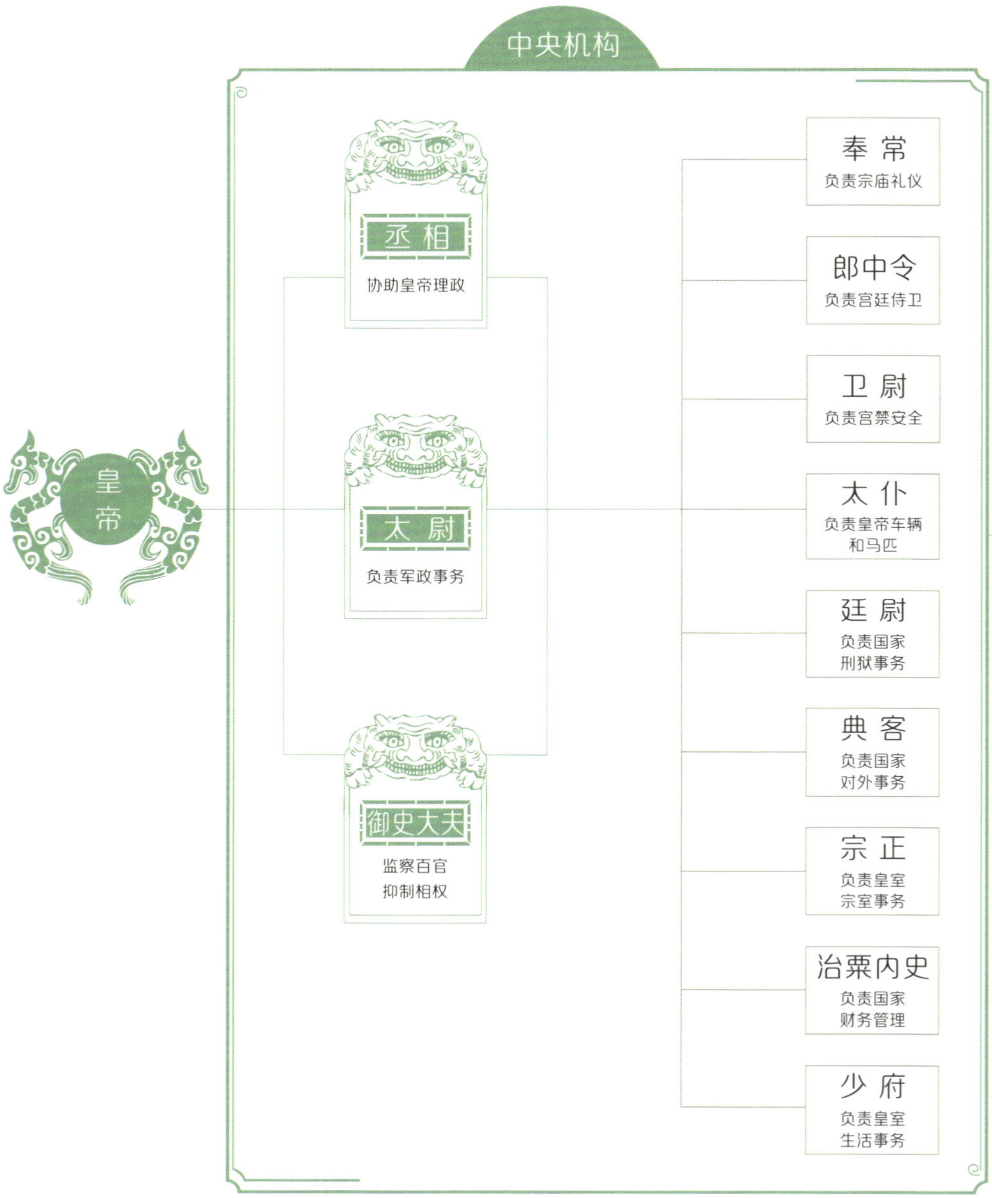

秦朝政府为了加强中央集权、有效控制地方，推行了郡县制。从中央到地方所有官员由皇帝任免，各级官吏各司其职，分级管

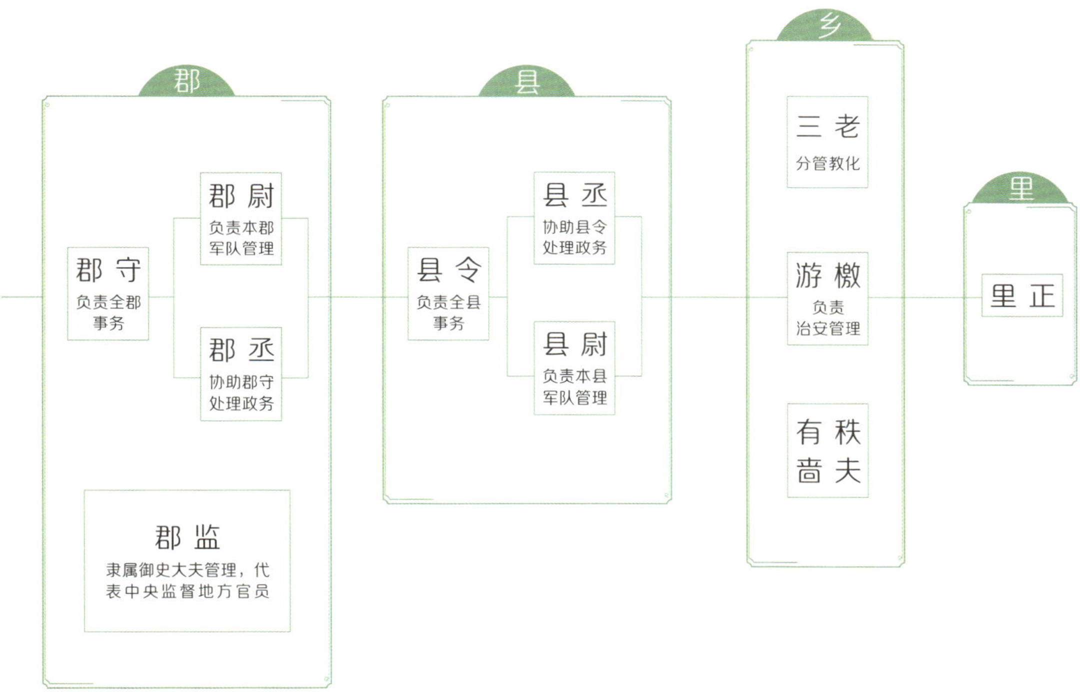

理。中央政府与地方往来的政务文书，通过专门的邮传机构，从都城咸阳到各郡、县、乡、里都可快速传达。

万里长城 直道驰道

秦始皇统一六国后，为了防止匈奴南下侵扰
公元前214年，派大将蒙恬率10万人
在秦、燕、赵长城的基础上修建了西起临洮，东至辽东的长城
绵延5000多千米，号称“万里长城”

长城有效地防范了北方游牧民族的侵扰
使百姓能够安居乐业
现在在内蒙古固阳境内有一段长100多千米的秦长城遗址
秦长城是世界建筑史上的奇迹，是中华民族悠久历史与灿烂文明的象征
虽然已成断垣残基，但依然雄浑壮阔

为了抵御匈奴
秦始皇派大将蒙恬修建了一条重要的军事道路——秦直道

秦长城遗址

这条路被称为古代最古老的高速公路

秦直道采取了“堑山堙（yīn）谷”的修建方式

遇山劈山，遇沟填沟

路面用黄土夯筑而成，中间高两边低，便于排水

这一细节令人惊叹

据考古勘探，秦直道路面平均宽20余米，最宽达60米

草木在路面上无法成活

历经2000多年的沧桑，大部分的路面依然保存完好，仍可使用

为了加强统治，秦始皇还修建了以咸阳为中心

通往全国各地的驰道

形成了当时世界上最发达的交通网络

长度达6800多千米

发达的交通网络提高了中央政府对地方的管辖能力

促进了各地的交流与经济的发展

为军队调动及物资运输提供了极大的便利

统一文字 泽荫后世

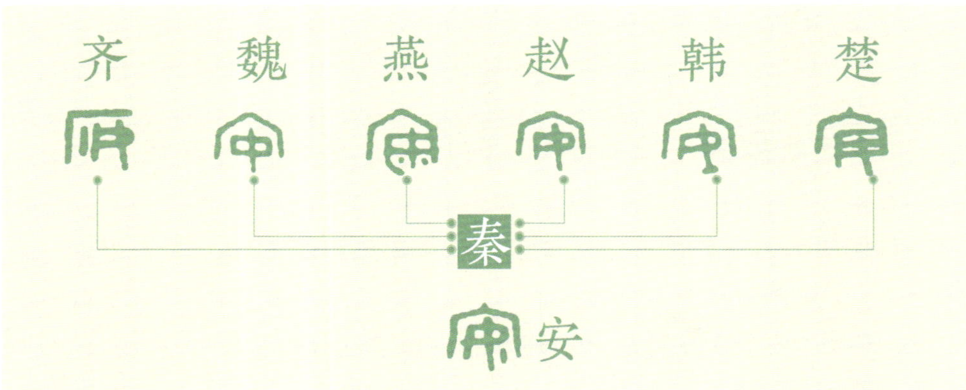

统一之初，各国文字差异很大
严重影响了帝国政令的传达及经济文化发展
秦始皇便开始统一文字，在全国推行统一的标准文字
小篆

目前考古发现的诏版、竹简、刻石、铭文、封泥等
保留下了秦帝国在全国推行的文字
这一次重大改革成为中国文字演变的转折点

小篆成为当时最主要的字体
主要用于诏书、玺印、刻石、封泥、虎符、钱币等
由于隶书书写速度快，也成为了常用的字体
多用于事务性文书和日常交流

统一文字的最初目的
是为了方便政令传达、政务管理以及各地区的交流
时至今日
地域相差很大的人虽然语言不通，但也可以用文字顺畅地交流

峄山刻石局部

外圆内方 沿袭千年

名　　称：秦半两

用　　途：货币

出土地点：咸阳宫遗址

馆藏地点：西安博物院

秦统一六国前

各国使用的货币形制、标准和计量单位都各不相同

有刀币、布币、圜钱及蚁鼻钱等

为了便于管理，“秦半两”成为全国统一的法定货币

文物解密

秦始皇统一六国后，在全国推行统一的货币“秦半两”，规定货币由国家铸造，私自铸造重罚。“秦半两”的使用标志着秦始皇在货币上的大一统，也标志着中国古代钱币的初步成熟，是中国货币发展过程中的一个里程碑。“外圆内方”的秦半两成为中国古代货币的基本形制，贯穿整个封建社会，沿用了2000多年，也影响到了日本、朝鲜等国。

为什么秦半两要设计成“外圆内方”的造型呢？

第一，天圆地方：古人认为天为圆，深邃通透、高远辽阔；地为方，朴实厚重、沉稳规整。处世应“外圆内方”，做事应圆融练达，做人要恪守原则。“外圆内方”的造型是美和智慧的完美结合。

第二，铸造方便：刚铸好的铜钱边缘毛糙，就用“方形物”串起来一起打磨，“方孔”能够避免铜钱在打磨时乱转。

第三，方便携带：中间有孔，用绳子串起来携带方便。大唐长安西市上的“卖钱贯人”就是卖穿钱的绳子。

第四，不易磨损：外形为圆使得装钱的袋子不易戳破，在使用过程中也不易磨损。

大秦·货币维护

十月己酉劾曰女子尊择不取行钱问辞如劾鞫审己未益阳守起丞章史完论刑杀尊市即

弃死市盈十日令徒徒弃冢间

这枚秦简出土于湖南省益阳市兔子山遗址，记述了一个叫方传（女）的人因没有使用统一的秦半两货币，而是私自使用旧币，被处以死刑，并被弃尸十日以作警示。按照规定，所有商业交易活动都必须使用“秦半两”。

统一度量衡

报告

陛下：

近日发生多起商品交易纠纷案件，有四起引发了群体性斗殴事件，原因是衡量标准不统一。臣建议在全国推行统一的衡量标准，废除以前的标准。

咸阳令

批示

同意提议。由丞相李斯牵头，组织相关人员制定实施细则，朝议后向全国推行统一的衡量标准。

一件椭量 两封诏书

两诏铜椭量

陕西历史博物馆藏

20世纪80年代，陕西省咸阳市礼泉县药王洞乡南晏村生产大队在取土时发现一件破破烂烂生锈的铜勺，大家建议卖给废品站，但队长觉得这应该是个文物，随即报告了当地文物部门。专家见到后惊喜万分，这是秦朝的标准量器，腹部两侧分别刻着秦始皇的诏书铭文，底部刻有秦二世诏书铭文。一件椭量上面居然刻有两个皇帝的诏书，极为罕见。这是秦始皇统一度量衡的实物见证，是研究我国度量衡制度的重要资料。

两诏铜椭量《秦始皇颁发的诏书》刻纹

铭文

廿六年，皇帝尽并兼天下诸侯，黔首大安，立号为皇帝。乃诏丞相状、绾，法度量，则不壹，歉疑者，皆明壹之。

释文

秦始皇二十六年，天下一统，社会逐步安定，秦王改称为皇帝，诏令丞相隗状、王绾规范统一全国的度量衡，使有疑虑的人明确、统一起来。

高奴铜权

陕西历史博物馆藏

铜权，相当于现代的秤砣，与衡（秤杆）相配使用。古代称重量时使用等臂的横杆，一端挂物品，一端挂权，加到横杆水平为止。

1964年，在陕西省西安市三桥镇南高窑村南邻阿房宫遗址发现了这件高奴禾石铜权。其呈半圆形，鼻钮，通钮高17.2厘米，前后两面均有铭文，是研究秦国衡制的重要实物资料。

道路革命 通达四方

天下初定，为便于政令传达和交流往来
秦法规定："两个轮子的距离一律改为六尺"
这就是"车同轨"

古代的道路都是土路
经过车轮长期碾压的路面非常坚硬
车行驶在这样的路面上平稳、快速、省力
减少了畜力消耗和车辆磨损
既降低了运输成本，又提高了运输效率

"车"在当时是先进交通方式的代表
"车同轨"则是交通体系中重要的措施之一
车同轨使交通发展更加标准化

秦朝以咸阳为中心
先后修建了通往全国各地的驰道和直道
可快速通达帝国的每一个地方
为邮传驿递、军队调动、物资调配提供了基础和保障
加强了中央集权统治

无论是交通，还是战争和贸易
完善、快捷的交通体系对一个国家至关重要
秦王朝虽然短暂
但这些留下来的交通设施为后世提供了极大的便利条件

考古让历史更真实、更严谨

我们看到的历史其实有两部
一部是文献记载，一部是地下的文物
考古让我们了解到更真实、鲜活的历史
考古让历史更真实、更严谨

在兵马俑发现之后
湖北云梦和湖南湘西里耶出土了大量秦简
共发现约24万字
这些文字给后人全面地展现了那个伟大的时代——大秦王朝

《秦律·田律》中规定：
春夏两季不许采食刚发芽的植物
不许捕捉幼兽，不许烧草作为肥料
不许砍伐树木（有人死亡，需要木材做棺材除外）
不许堵塞河道等等

《秦律·司空》中规定：
以徭役方式进行偿还罚款的人员
在春播、秋收时节各放20天假回家播种、抢收
服徭役期间的工钱可以折算成粮食进行发放
成年男子每月发二石
成年女子每月发一石半，不足六尺五的男子也发一石半
伤病期间不能劳作的，每月发一石

秦始皇用毕生努力完成了历史的大一统
他所推行的各种举措改变推动了中华文明的进程
他创建的中央集权制社会治理体系
一直影响了中国2200多年

秦兵马俑考古发掘现场

精彩互动

1.秦始皇姓什么？

A.嬴　B.赵　C.赢

2.商鞅变法前遍访秦国，这有什么意义呢？

A.可以看到秦国山川美景，了解风土人情。

B.可以看看秦国人目前的生活状况。

C.做任何事情之前要全面深入调研，了解实际情况。

D.借此机会游览一番。

3.秦人参军的积极性为什么非常高？

A.同龄人都去了，自己没事也去吧。

B.可以杀敌，建功授爵、分土地，光耀家族。

C.向往军营的生活。

D.当兵能吃饱肚子。

4.李斯写《谏逐客书》的背景是什么？

A.由于郑国阴谋败露，秦王认为外来客卿靠不住，对发展不利。

B.人数众多，容易惹事。

C.游手好闲，聚众议政。

D.不服管理，顶撞官员。

答案： 1.A　2.C　3.B　4.A

二

秦始皇帝陵探秘

秦始皇帝陵

占地约45.69平方千米

由72万余人历时39年建成

是历代帝王陵墓中规模最大、藏品最丰富的

大型皇家帝陵

秦始皇帝陵

《史记·秦始皇本纪》记载："始皇初即位，穿治郦山，及并天下，天下徒送诣七十余万人，穿三泉，下铜而致椁，宫观百官奇器珍怪徙臧满之。令匠作机弩矢，有所穿近者辄射之。以水银为百川江河大海，机相灌输，上具天文，下具地理。以人鱼膏为烛，度不灭者久之。"

惊世大发现

1974年3月29日下午2时

临潼县西杨村生产队的杨志发、杨彦信等几位村民
在地里打井取水时
发现了砖铺地面、铜弩机、铜箭镞以及大量的陶俑碎片

临潼县水利局局长丁根民
觉得这与1.5千米外的秦始皇陵有关
随即向临潼县文化馆报告
馆长赵康民立刻赶到现场，清理、收集碎片
最后拼接出了几件秦代的武士俑

恰逢北京新华社记者蔺安稳回临潼探亲
看到了修复好的陶俑之后
一篇《秦始皇陵出土一批秦代武士陶俑》的文章
刊登在了《人民日报》的《情况汇编》上
时任国务院副总理李先念看到后当即批示：
“建议文物局和陕西省委协商，迅速采取措施，妥善保护好这一文物”

1974年7月15日秦俑考古队进驻发掘现场
先后发现了一号坑、二号坑、三号坑
据推算，这3个遗址坑可出土
陶俑8000余件、陶马600多匹、战车百余乘、兵器数10万余件

1978年又发现了两乘彩绘铜车马
做工精美、结构齐全，令人惊叹，被誉为“青铜之冠”

陵园布局示意图

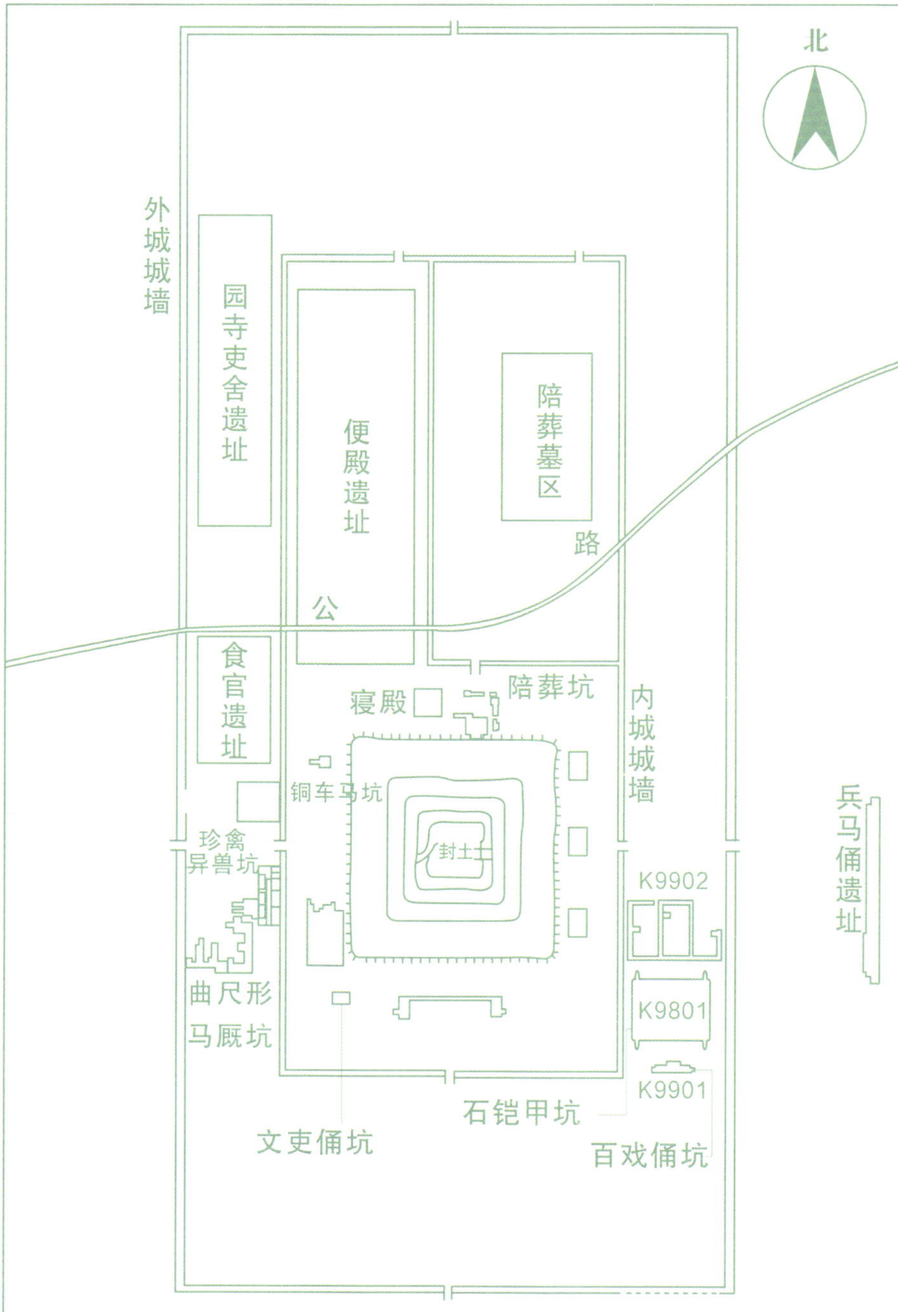
北
外城城墙
园寺吏舍遗址
便殿遗址
陪葬墓区
路
公
食官遗址
寝殿
陪葬坑
内城城墙
铜车马坑
封土
珍禽异兽坑
曲尺形马厩坑
K9902
K9801
K9901
石铠甲坑
文吏俑坑
百戏俑坑
兵马俑遗址

地宫内部结构猜想图

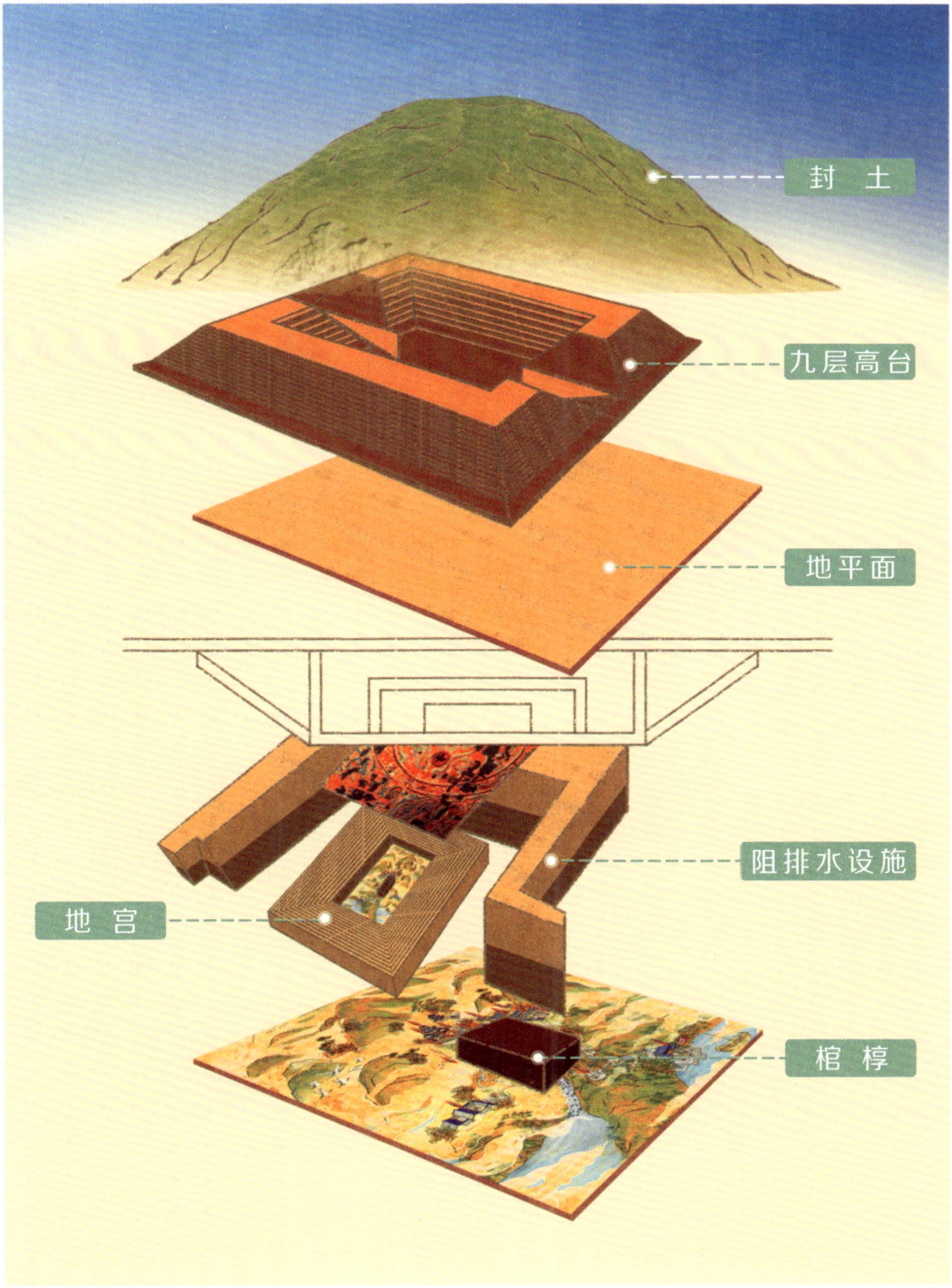

秦俑的制作

“瘦”是参与秦俑制作的工匠之一，他将带领我们了解秦俑是如何制作、烧制和彩绘的。

场景一 制作区

俊　俊　您好，师傅，这些是什么呀？

工匠瘦　这是给秦始皇陵做的兵马俑。

俊　俊　什么是俑啊？

工匠瘦　俑，指的是在墓葬中陪葬的偶人。有泥俑、陶俑、木俑、石俑、玉俑等。

俊　俊　为什么要做这些俑？

工匠瘦　古人有“事死如事生”的思想，人死亡下葬时，要把与他生前相关的物品及侍从人员一起随葬。

俊　俊　哦，明白了。这些兵马俑是怎么制作的呀？

工匠瘦　秦俑的制作分为“选土、练泥、制坯、阴干、烧制、组装、施彩”七大步骤，还用到了模、塑、捏、刻等技术手法。这些看似简单，真正做起来可没那么容易噢!

俊　俊　那……这些是用什么土做的啊？

兵马俑制作场景

工匠瘦：取地表深处黄土，经过筛选、碾、淘，除去土中杂质，再加上一些石英砂，搅拌调和成制作秦俑的基本材料。

俊　俊：那具体是怎么制作的呢？

工匠瘦：先将陶俑的头、躯干、手分开制作，最后再进行组装。

俊　俊：这些俑脚下为什么都有一个小踏板呀？

工匠瘦：每件俑的重量在150～300千克不等，非常重，有了这个脚踏板，俑就可以站得十分稳固。

俊　俊：师傅，这些俑都是实心的吗？

工匠瘦：不是。膝盖以下大部分是实心，膝盖以上是空心的。细型腿是实心，粗型腿大多是空心；陶俑的体腔都是空腔，双臂多是空心的，个别是实心的。

俊　俊：哦，那可不可以直接放到太阳底下晒干？

工匠瘦：直接晒的话容易炸裂，需要在阴凉的地方慢慢阴干，之后放进窑内慢慢烧制。

俊　俊：师傅，这些陶俑、陶马做得如此精细，怎么确保质量呢？

工匠瘦：你看，这些字记录的就是当时工匠的名字，如果出现质量问题可以直接找到他们，按律处罚。

兵马俑初胎制作示意图

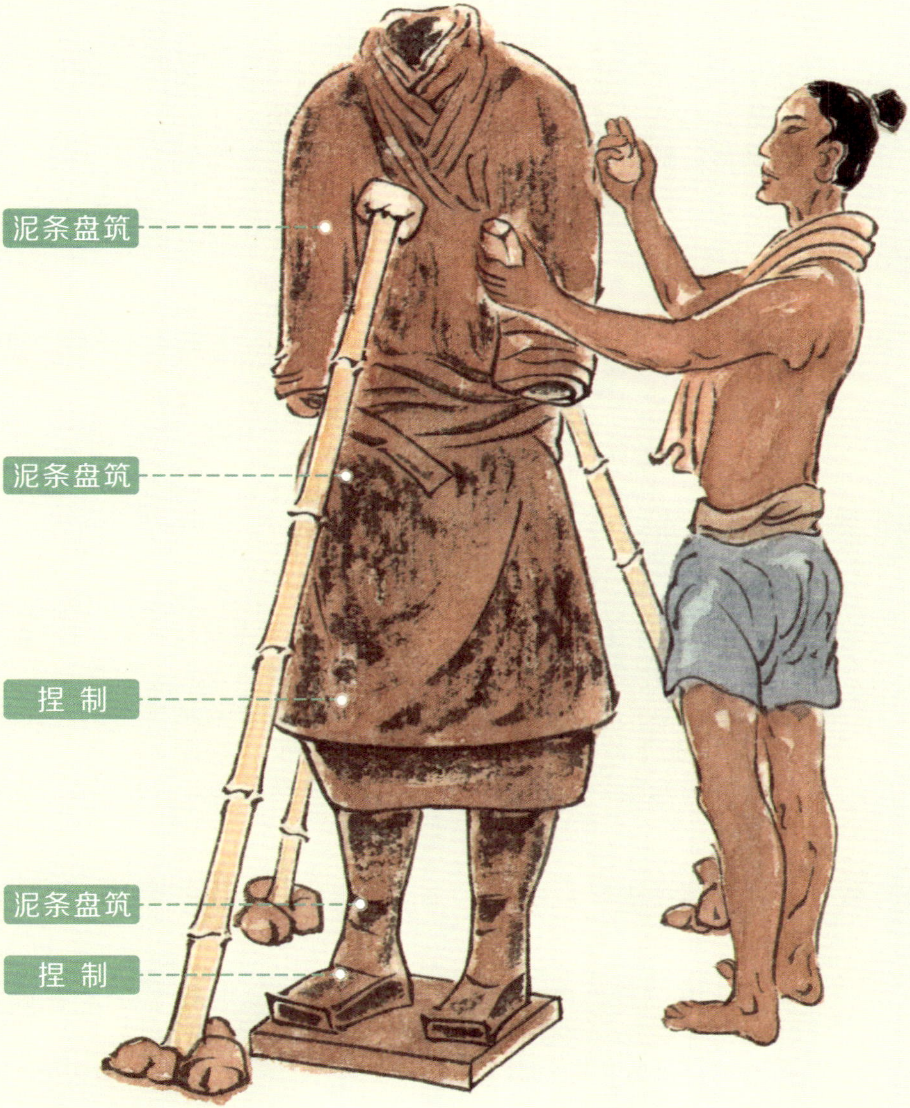

场景二 烧制区

俊　俊　师傅，这些陶俑、陶马身上怎么有这么多小孔呀？

工匠瘦　这是预留的通火、透气的孔眼。如在陶马腹部左右两侧各留有一个直径10厘米的圆孔，使火焰可以通过圆孔均匀进入马的体腔内。在陶俑身上也留有一些通火和透气的孔道，或在陶俑的臀部留一两个圆孔，或在陶俑头顶开一个直径1～1.5厘米的圆形小孔，使陶俑的胎壁受火均匀，排气方便。

俊　俊　那这种孔一般会在哪里啊？

工匠瘦　陶俑留的孔在臀部、腹下，还有双耳；陶马预留的孔在脊干正中、马腹下正中、腿的内侧、腹部两侧。

俊　俊　那……烧制它们会不会很复杂？

工匠瘦　首先要把握好陶俑从泥坯到干胎再到烧制环节的收缩比例，然后开始慢慢增温至950～1050℃。陶俑、陶马都是空心，且胎质薄厚不均，最厚的地方有5厘米，最薄的地方只有1～2厘米，如果火候掌握不好，会导致色泽混乱、变形、裂纹，甚至炸裂。

俊　俊　那真是太不容易了！

工匠瘦　是啊，我们试验了好多次才找到了这种烧制方法。这样烧制出来的陶俑色泽纯正、质地坚硬，每一件都可以说是艺术精品。

俊　俊　那我们去彩绘区看一下吧！

兵马俑烧制场景

兵马俑彩绘场景

场景三 彩绘区

俊　俊　呀，这么漂亮！是怎么涂的色啊？

工匠瘦　上色的时候，首先在俑、马身上涂一层生漆，再敷白色作为底色，然后进行绘彩。手、脸、脚等部位都涂2～3层彩绘，颜色多彩多姿，显示出整个军阵的生气勃勃。

俊　俊　这些都是什么颜料啊？

工匠瘦　这些都是矿物质颜料，是从朱砂、蓝铜矿及孔雀石中提取的。

俊　俊　难怪这些俑的颜色这么漂亮。秦人都喜欢哪些颜色的衣服呢？

工匠瘦　秦人当时以绿、红、紫、蓝四色为流行颜色，尤其偏爱绿色，服饰颜色对比非常强烈。陶俑脸、手部颜色是粉红色的；战袍有大红色、朱红色、紫红色、深绿色、粉绿色的；裤子有深绿色、粉绿色、天蓝色、紫红色的。

俊　俊　秦人不是尚黑吗？

工匠瘦　对，秦人以黑色作为最尊贵的颜色，但老百姓衣服的颜色却是五颜六色、各不相同。

俊　俊　这个紫色也很漂亮啊。

工匠瘦　这种紫色是用硅酸铜钡人工合成的，在彩绘中普遍使用。

彩绘绿面跪射俑

巡礼大秦军营

经批准，今天由大秦将军蒙毅带领我们参观大秦军营的“新兵入伍、主战方阵、机动方阵、秦军指挥部、秦军兵器库”等场景，亲眼目睹这支令六国闻风丧胆的“虎狼之师”

第一站：新兵入伍

蒙　毅　大家好，这就是我们刚入伍的新兵，接下来他们将在军营里接受各种训练，时刻备战。

俊　俊　蒙将军，我看他们都特别积极兴奋，我家隔壁的黑矛听说要征兵，整晚都睡不着了！

蒙　毅　这是正常现象，不失眠才不正常呢！士兵们在战场上奋勇杀敌建功就可以得到房子、土地和爵位等众多奖赏。

俊　俊　哦，听你这么一说我也想去。

蒙　毅　等你长大一点就可以参军了。秦国征兵规定“三丁抽二、二丁抽一”，你家两个男丁只能去一个，你要去，你哥哥就要留下来耕田顾家。

俊　俊　我哥说，他的愿望就是长大了以后参军，杀敌建功，保家卫国。

蒙　毅　只能去一个哦！

第二站：主战方阵

蒙　毅　新兵正在训练，最前面的那一位就是千夫长，负责新兵训练。

千夫长　参见蒙将军。这批士兵经过3个月的训练，已经具备了作战的基本技能和素质。

蒙　毅　好，不错。今天有一些小朋友要进军营参观，你们给大家展示一下，再给大家讲讲。

千夫长　喏！众将士听令，作战队形（很快大家就组成了一个军阵）。大家请看，这就是我们的主战方阵，车兵是主体，车步协同。

蒙　毅　千夫长，在方阵的两侧、后方怎么有一排士兵背对方阵面朝外站立？

千夫长　这是主阵侧翼和后卫，以防敌人偷袭。

蒙　毅　前三排士兵的服装、武器和后边的都不相同。

千夫长　对，阵前有三排武士为先锋，有的穿战袍，有的身着铠甲，中间配有战车，每辆战车配御手一名，车士两名，他们共同构成了秦军的主体军阵。

蒙　毅　将军，前面那三排士兵是不是射箭的？

千夫长　对。他们手握弩（弩是一种比弓箭射得更远、更精准的武器），作战时，他们相互配合、轮番射敌。

考古现场

一号坑呈长方形，为主战方阵

面积14260平方米，长230米，宽62米

四周各有五个门道，士兵面东而立

南北两侧、西侧都有一排武士俑面朝外站立

由车兵、步兵等军种组成

一号坑布局就像一部立体的秦代兵书

考古专家袁仲一先生发现

秦俑有“国、田、目、甲、由、申、用、风”8种脸型

基本上涵盖了中国人的面容特征

有人曾说，如果你仔细端详

肯定会和秦俑“撞脸”

兵马俑全部是“写实”制作，以“大、多、精、美”而令世人惊叹。

大 军阵场面宏大，俑高1.76～2米，陶马长约2米、高约1.7米。

多 据专家推测三个俑坑有将近8000件陶俑、陶马。

精 陶俑的发丝、眉毛、胡须、掌纹、鞋带等细节逼真细致。

美 陶俑“千人千面、千姿百态”，高大魁梧、性格刚毅、表情生动。

“手术中”的秦俑

1974年发现兵马俑的时候，大多已成残片，经过多年的修复，这些威武霸气的“大秦勇士”首次出现在世人面前，举世震惊。

俊 俊　师傅，这些破碎的秦俑是怎么修复好的？

修复师　我们先对清理出来的碎片进行编号，除去碎片上的各种病菌之后再开始比对、拼合、修复。

俊 俊　师傅，一号坑前面的俑很完整，后面的俑为什么有那么多孔和裂痕呢？

修复师　这是两种不同的修复方式。经过初步修复后，用陶粉加胶进行修补处理，这叫“艺术化修复”；陶俑、陶马身上有好多小洞，碎片的接缝无修补处理，这叫“原始性修复”。

俊 俊　那陶俑身上的数字是做什么用的呀？

修复师　陶俑的身上有两行数字，一个是藏品号，一个是考古编号，用来记录陶俑出土时的位置和序号，待陶俑修复好之后再放回原位。

俊 俊　师傅，兵马俑的颜色怎么保护呢？

修复师　现在，我们可以利用可控无残留、环保的“薄荷醇”对秦俑的颜色进行很好地保护。兵马俑一号坑发掘时发现了一批红色的陶马，等到完全出土的时候，枣红色的马头、黑褐色的眼睛，就连一根根的鬃毛都清晰可见，非常震撼。

考古编号
71
四方形脚踏板

原始性修复
33

中分头
胡 须
红色甲缀

千人千面 千姿百态

破土初容
空心体腔

八字胡

内领

缕缕发丝

个性发髻

前三排为军阵前锋，士兵手持弓弩，身着战袍，负责远距离射击

御手俑
低级军吏俑

面南武士俑

介帻

第三站：机动方阵

蒙　毅　这是一个特种兵方阵，主要应对战场上出现的特殊情况。

俊　俊　蒙将军，特种兵方阵是怎么组成的啊？

蒙　毅　特种兵方阵由战车方阵、骑兵方阵、弩兵方阵和一个车步骑混合军阵组成，配合主战方阵进行作战，根据战场上的突发情况，需要哪个兵种应对，就派出哪个兵种。他们既可以单独作战，又可以配合作战，非常机动灵活，使秦军的战斗力非常强悍。

俊　俊　将军，我们的骑兵装束好奇特呀！

蒙　毅　是的。骑兵头戴圆形小帽，帽子两侧的带子系在颌下，上穿无肩铠甲，下穿宽松裤子，使作战更加机动灵活。

俊　俊　那对士兵的要求肯定很高吧？

蒙　毅　嗯，要求40岁以下，身高1.73米以上，力量大、行动敏捷，既能在车上同敌人战斗，又可以在车的前后左右与敌人厮杀。

俊　俊　骑兵身上穿的是铠甲吧？

蒙　毅　对，他们穿的叫无肩甲衣。胸部的甲片是上片压着下片，腹部的甲片是下片压着上片，这种叠压方式使活动更加灵活方便。

考古现场

二号坑为曲尺形

由四部分组成的机动方阵

面积约为6000平方米

东西长96米，南北宽84米

推测有陶俑陶马1300多件、战车80余辆、兵器数万件

第一部分为战车方阵

由64乘战车组成

分为8列，每列8乘

御手居于中间，两侧为持戈士兵

第二部分为混合方阵

由19辆战车、264个步兵俑和8个骑士俑组成

马前立骑士俑1个

一手牵马缰，一手作拉弓状

车后除3名车士外，配有8～36个步兵俑

第三部分为弩兵方阵

四周有172个立式弩兵俑

阵心有160个蹲跪式弩兵俑

立跪起伏、轮番射击，从而压制敌人

第四部分为骑兵阵

由108个骑士俑和180匹鞍马俑组成

马前有一胡服骑士俑

右手牵马、左手拉弓，待令出击

兵马俑二号坑实景图

隐蔽性好 命中率高

名　　称：跪射俑

用　　途：陪葬

馆藏地点：秦始皇帝陵博物院

弩兵

一支战斗力极强的兵种

在六国统一过程中的作用无法替代

讲师：这是二号坑中出土的跪射俑。

俊俊：他为什么是这种跪姿呢？

讲师：蹲姿目标小，易隐藏，是最佳的射击状态。

俊俊：怎么双脚的姿势还不一样啊？

讲师：是的，跪射俑左脚、右脚尖、右膝着地，三个受力点形成一个三角形，稳定性好，命中率高。

俊俊：他们的形象好逼真啊！

讲师：是的。你看他们身穿战袍铠甲，脚蹬方口齐头翘尖履，头顶左侧挽一发髻，双目凝视左前方，双手在胸的右侧一上一下紧握弓弩，准备瞄准射击。

俊俊：现在军人都是短头发，他们怎么还留着长发呢？

讲师：“身体发肤，受之父母，不敢毁伤，孝之始也。”身体的每一部分都是父母给的，一定要爱惜。蓄发是对父母的尊敬。

俊俊：他们鞋子的底部做得很精细啊！

讲师：脚尖与脚跟位置磨损比较大，所以这两处针线比较密实；脚心位置磨损比较小，因而疏松一些。

发绳
发辫

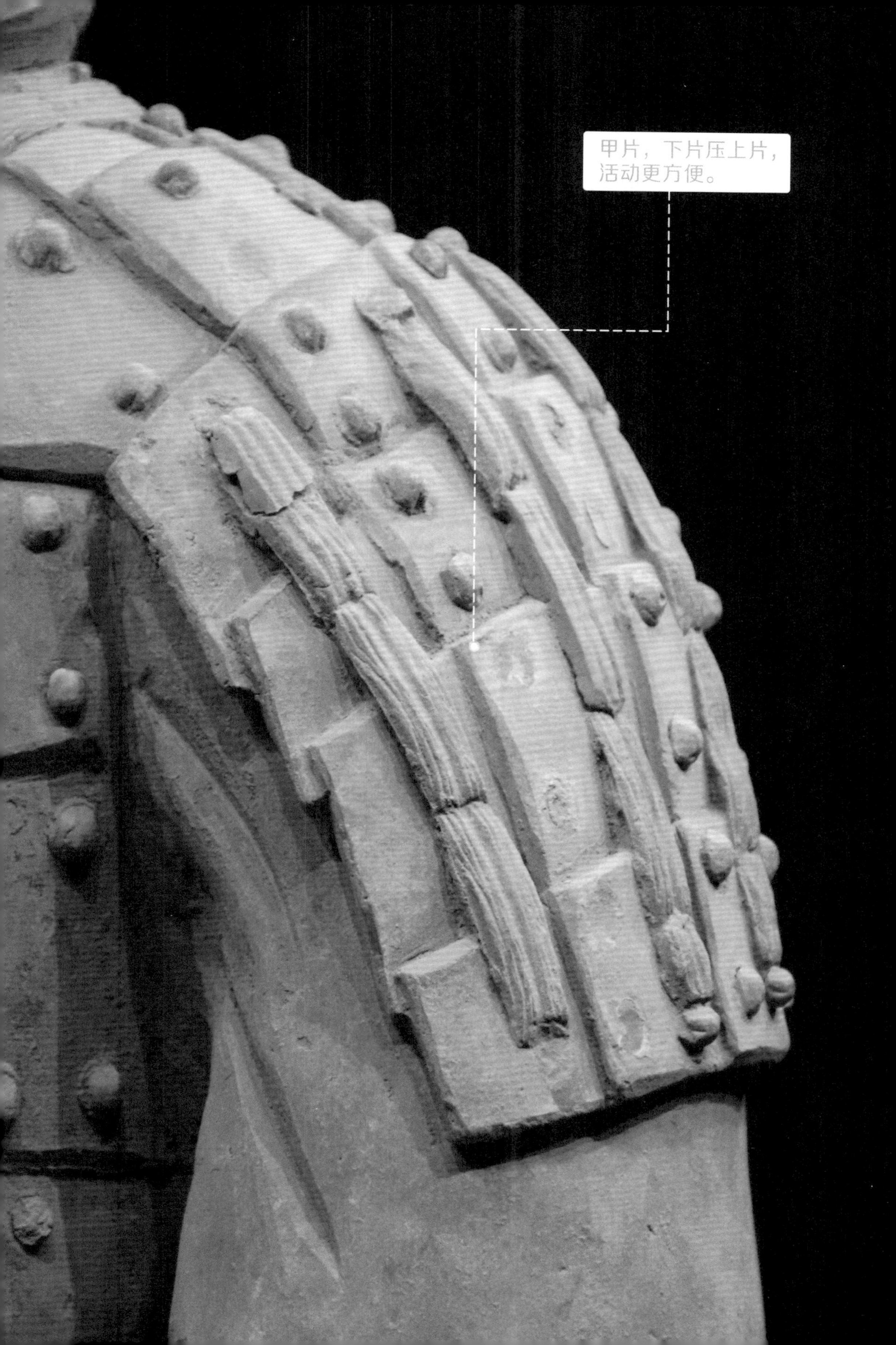
甲片，下片压上片，
活动更方便。

逼真的指甲
咱俩的掌纹一样吗？

甲扣
甲钉

密
疏
密

花结
带襻

相互配合 待令射击

名　　称：立射俑

用　　途：陪葬

馆藏地点：秦始皇帝陵博物院

立射俑
是一种弩兵俑，属于远射步兵
与跪射俑相互配合
轮番射击，压制敌人

俊　俊　这应该是立射俑吧？

讲　师　对，这是一种进行远距离射击的兵种，与跪射弩兵协同作战。由于弩张缓慢，最多射击3次，敌人就冲过来了，所以他与跪射弩兵协同发射，确保射击的连续性，给敌人以最大的打击。

俊　俊　他们的形象很特别呀！

讲　师　他们身穿战袍，腰系革带，双脚呈“丁”字形，头随身体左转，昂首凝视左前方。

俊　俊　他们看起来处于待命射击状态。

讲　师　这是立射俑准备射击的瞬间动作，双目炯炯有神，弩机已经张开，展现出一种训练有素、百发百中的气势。

史料知库

《吴越春秋》中记载，正确的射击姿势是“左足纵，右足横，左手若扶枝，右手若抱儿，此正持弩之道也”。

二号坑出土的立射俑左足向左前方斜出半步，双足为丁字形，左腿微弓，右腿后绷；左臂向左侧半举，右臂曲举于胸前。头和身体微向左侧转，昂首凝视左前方待令射击。这一形象与文献记载基本吻合。

发髻
发辫

灵活机动 风驰电掣

名　　称：骑兵鞍马俑

用　　途：陪葬

馆藏地点：秦始皇帝陵博物院

骑兵

一个国家军事实力的重要体现

速度快，机动性强，冲击力大，活动范围广

公元前3世纪，赵武灵王的“胡服骑射”

成为骑兵发展史上的重要转折点

讲　师　骑兵身高1.8米，年轻健壮，神态机警；一手执缰，一手提弩；头戴小圆帽，身穿紧袖上衣和无肩铠甲；下身穿紧口长裤，脚蹬短靴。服装简单轻巧、士兵活动自如。

那战马是怎么选的呢？　**俊　俊**

讲　师　秦法规定：“膘厚、善跑、有耐力且马肩高1.33米的马可作为军马。”这些战马完全符合秦法标准——马耳若削竹，目似悬铃；鼻孔大、嘴微张，背宽臀圆；前腿如柱，后腿若弓，十分灵动，尽显良马的特性。

老师，我看这马的个头有点矮耶！　**俊　俊**

讲　师　秦军的战马主要来自陇西（今甘肃省洮河流域），属河曲马种。这种马虽然说个子小，但是耐力非常好，善于奔跑，在当时是非常优良的马匹。

如何保证这些马的训练效果呢？　**俊　俊**

讲　师　《秦律杂抄》规定：训练的马不能正常驾驭的，罚司马两副铠甲，罚县令、县丞各一副铠甲；如训练的马被评为下等，三人撤职，永不录用。

啊，这么细致、严格呀！　**俊　俊**

帽子

甲带

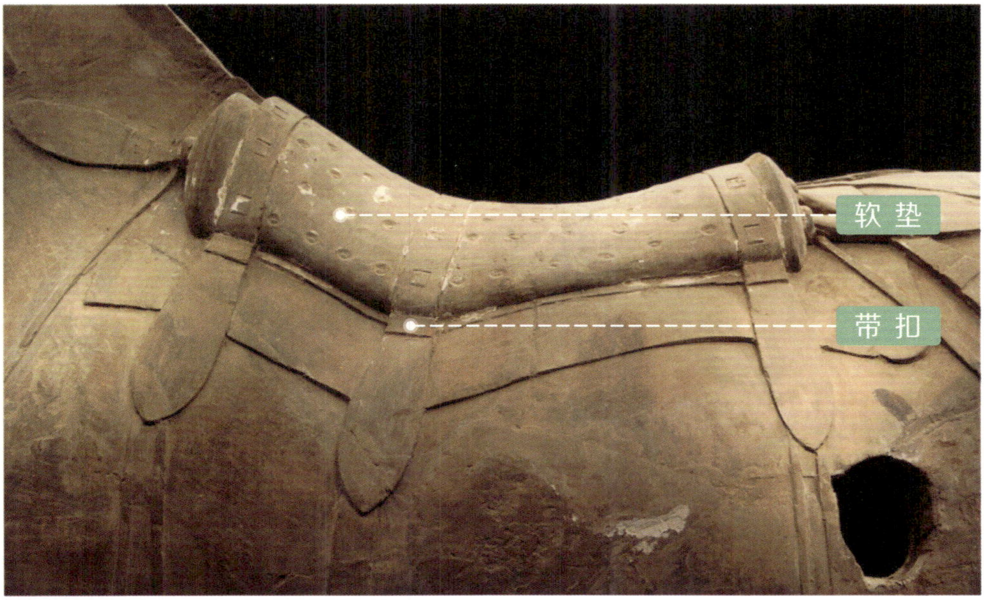
软垫
带扣

告示

各位将士：

大秦国明日开始征选骑兵，选取标准如下：

1.年龄40岁以下；

2.身高1.73米以上；

3.骑射技艺娴熟；

4.身体健康，反应敏捷，机智勇猛，能吃苦，不怕牺牲。

大秦蓝田军营

通告

凡进入秦国的车马都必须火熏消毒，严防外来疾病传入。各关口务必严格落实，违者按律重责。

超级点评 ★★★★★

骑兵，又称为“离合之兵”，多作“奇袭”。公元前260年，秦赵长平之战，秦以5000骑兵突然插入赵军壁垒，使赵军一分为二，粮道被断，40万人被歼，秦军大胜。这是骑兵配合车兵、步兵作战最经典的战例。

史料链接

马者，甲兵之本，国之大用

在古代，马是国家重要的战备资源。军马在保卫国家安全或者对外战争中十分重要，是一个国家军事实力的体现。因此，各国官府对马的饲养、训练、使用都有严格的规定，秦人因养马而崛起。

《云梦秦简》中记载：每次驾车前，要喂饲两次粮食，回程再喂一次，8匹马都要喂；如需要连续驾车，每天增加喂食一次；如果需要长途驾车，再喂食一次。这种严格的喂养方式，完全可以养出好的马匹。

《秦律杂抄》中记载，马匹按照实际需求进行训练、考核，而且必须达到一定的数量，如果不够就要受到惩罚；如果骑乘的军马在行军、作战过程中不听从指挥或很难驾驭，那么当时负责养马、驯马的县司马、县令、县丞都要受到惩罚。

在饲养马的过程中会进行严格的标记，并定期对马进行检疫，防止疾病、传染病导致马匹大量死亡。可以说《秦律杂抄》是世界上最早动物检疫及疾病预防的法律条文。

在兵马俑所发现的马都是阉割过的公马，这样马的性情会更加温顺，容易驯服。《秦律杂抄》记载："志马舍乘车马后，毋（勿）敢炊饬，犯令，赀一盾。""志马"，就是没有阉割的公马，这些马匹只能跟在车的后面，不能驾车、不能鞭打，违者罚一副盾牌。

秦人养马历史悠久，马政如此精细，不禁让后人惊叹。正是这些完整、体系化的养马、驯马政策，使秦国在统一六国的过程中占据了绝对的军事优势。

板状帽冠 背无防护

名　　称：中级军吏俑

用　　途：陪葬

馆藏地点：秦始皇帝陵博物院

第四站：秦军指挥部

俊　俊　将军，这里怎么有这么多武士守卫啊？

蒙　毅　这是我们的军幕，也就是指挥部，在这里召开军事会议，确定作战方案。

俊　俊　哦，是不是可用“运筹于帷幄之中、决胜于千里之外”来形容呢？

蒙　毅　对的，完全可以。

俊　俊　这件像斧子的是什么武器呀？

蒙　毅　这是“钺（yuè）”，代君王行使权力，是权力的象征。

俊　俊　噢，明白了。那旁边的骨头和鹿角是做什么的？

蒙　毅　作战之前要进行占卜，把牛的肩胛骨灼烧以后，看裂纹。如果裂纹非常好，说明这次战争对我们有利；如果裂纹曲折复杂，就会放弃这次作战。鹿有灵性，鹿角可以将人的意愿传达给上天。

俊　俊　哦，原来是这样！那军队怎么进行调动作战呢？

蒙　毅　调动50人以上的军队就得使用虎符。虎符是调兵的信物，为左右两半，左侧在将军手里，右侧在君王手里。如遇战事，君王会将右半符交于统军将军手中，与左半符完全符合后，方可调兵御敌。

考古现场

三号坑呈凹字形，面积约520平方米

由南北厢房和车马房组成

出土了68件兵马俑及钺、殳、鹿角、卜骨

这里就是秦军指挥部

南厢房呈“土”字形结构

42件武士俑沿墙壁相向站立，负责警卫

据史料记载，南厢房东侧可能就是当时的议事厅

北厢房呈“T”字形结构

当时武士分两列相向站立，每列11人，有鹿角和一些兽骨

这可能是战前占卜、祈祷的场所

中间的车马房呈方形

有一件四马车和四件武士俑

其中一件中级军吏俑、一件御手俑、两件武士俑

他们可能负责传达军令

二层台
FRAME WORK
南厢房
廊
CORRIDOR

兵马俑三号坑实景图

胸有激雷而面如平湖

名　　称：高级军吏俑

用　　途：陪葬

馆藏地点：秦始皇帝陵博物院

高级军吏俑头戴双卷尾鹖（hé）冠，身穿鱼鳞甲

沉稳刚毅，镇定自若，处变不惊

尽显大将风度

讲　师　这些高级军吏俑是白起、蒙恬、蒙毅等大秦将军的写照。他们高大魁梧，头戴双卷尾鹖冠，身穿双层长襦及鱼鳞甲，脚穿方口齐头翘尖履，立于战车之上指挥战争。

他们头上为什么要戴这种特殊的鹖冠？　**俊　俊**

讲　师　《说文解字》中记载：“鹖者，勇雉也，其斗时，一死乃止。”说明鹖是一种勇猛善战的鸟，在争斗时要斗到一方死去才肯罢休。古代将军戴着插有这种鸟羽毛的冠，用它表明自己身先士卒、誓死尽忠的决心。

他们的铠甲和士兵的怎么不一样啊？　**俊　俊**

讲　师　他们所穿是鱼鳞甲，可以分散武器的冲击力，起到很好的防护作用。

他们身上的花结是什么意思啊？　**俊　俊**

讲　师　高级军吏俑前胸、后背、两肩共有8个花结，学者认为这是级别的象征。

他们表情看起来怎么这么严肃？　**俊　俊**

讲　师　《孙子兵法》记载：“胸有激雷而面如平湖者，可拜上将军！”战场上磨砺出了军人坚强的意志及处事不惊的大将风范。

双卷尾鹖冠
缕缕发丝

花结
腰带

鱼鳞甲

第五站：秦军兵器库

蒙　毅　这是秦军的兵器库。

俊　俊　啊，这么多。一种兵器，大小长短都一样啊！

蒙　毅　秦法规定，制造同一类器物，大小、长短、宽窄都要相等。有些兵器，制造时间虽然相差十几年，但是长短、大小仍然一致，就连金属配比也基本相同。弩机的牙、栓、悬刀完全可以通用互换。

俊　俊　将军，这些兵器上有字！

蒙　毅　对，这是负责制作这件兵器的机构名称和工匠的姓名。

俊　俊　写这些名字做什么啊？

蒙　毅　为了确保这些兵器的质量。这叫“物勒工名，以考其诚，工有不当，必行其罪，以究其情”，是秦国责任制的体现。

大秦相国吕不韦令

各兵器单位：

为了提高效率，落实责任，所有的军械生产需严格按照《大秦武器标准化生产规定》进行生产，每件兵器必须标注监造者、制作者名字。各兵器军械单位严格按照规定执行，违者，按律从重处罚。

杀伤力最强的武器构件

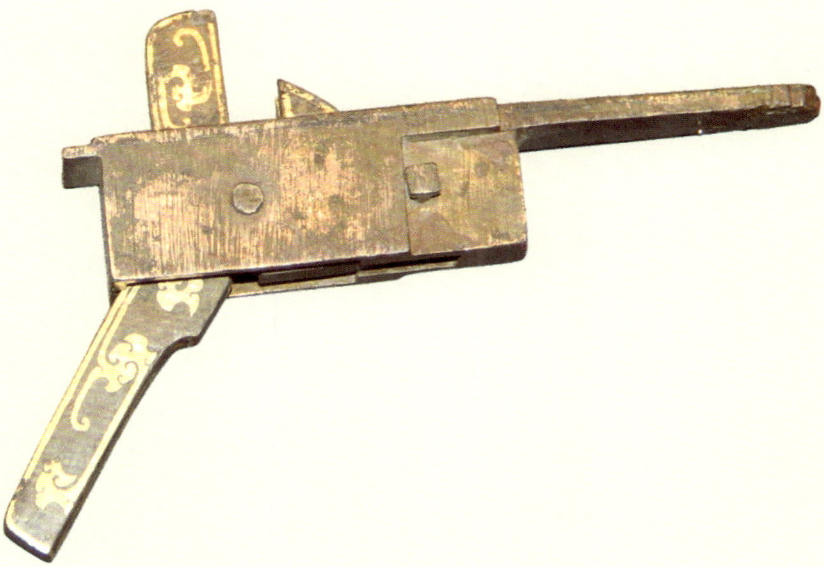

名　　称：弩机

用　　途：弩构件

馆藏地点：陕西考古博物馆

弩，一种比弓更具杀伤力的远射兵器
由弓和弩臂、弩机三部分构成
射击时，眼睛、望山、目标形成“三点一线”
进行远距离精准射击

蒙　毅　这是我军的兵器库，武器齐备。看！这是弩，一种远程杀伤性极强的武器。

俊　俊　弩怎么使用呢？

蒙　毅　弩由弓发展而来，在弩上有望山（瞄准器）、钩牙、悬刀（扳机）。发射时张开弦，将弦挂于弩机的“牙”上，将箭矢装于“臂”上的箭槽内，通过“望山”进行瞄准后，扳动“悬刀”使“牙”下缩，弦脱钩，利用张开的弓弦急速回弹形成的动能，快速将箭射出。

俊　俊　弩有什么缺点吗？

蒙　毅　射击的速度要慢一些，因此在战场上采取“轮番射击”的方式。弩手被分为三组，第一组瞄准发射，第二组待发射，第三组张弦。当第一组射击完毕，就退为第三组，确保射击的连续性，把弩机的优势发挥到极致。

俊　俊　哦，原来是这样的。我看主战方阵前面是三排，这样可以将弩的效果发挥到极致。

蒙　毅　我来给你解读一下。

俊　俊　噢，那太好啦！

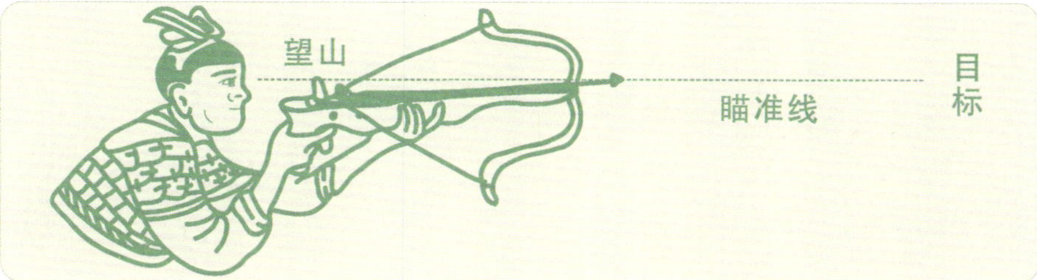

弩射击时，眼睛、望山（瞄准器）、目标物体形成了“三点一线”的效果，非常精准，且射击距离远、杀伤力大。

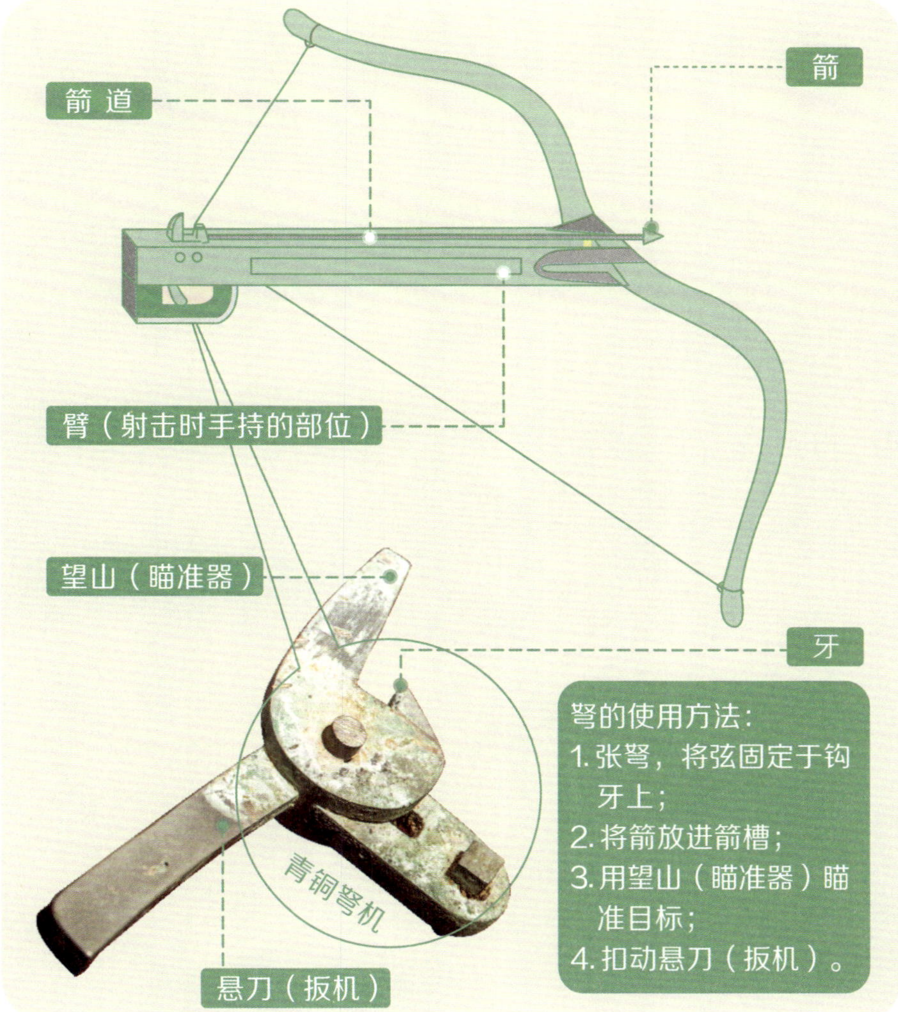

弩的使用方法：
1. 张弩，将弦固定于钩牙上；
2. 将箭放进箭槽；
3. 用望山（瞄准器）瞄准目标；
4. 扣动悬刀（扳机）。

秦代兵工厂场景图

历经千年 依然锋利

名　　称：秦剑

用　　途：兵器

馆藏地点：陕西历史博物馆

秦剑长90.2～95.5厘米

距离剑锋6厘米的地方收缩变窄，这就是“束腰”

与现在军刀的功能一致，令人惊叹

俊 俊 秦剑这么长啊!

秦剑长90.2～95.5厘米，在战场上有很大的优势。 **蒙 毅**

俊 俊 秦剑有什么特别之处呀?

蒙 毅 秦剑呈“宽窄间隔”的规律，距离剑锋6厘米的地方出现了收缩现象，这就是所谓的“束腰”，即血槽，这就是秦剑具有很强杀伤力的原因之一。

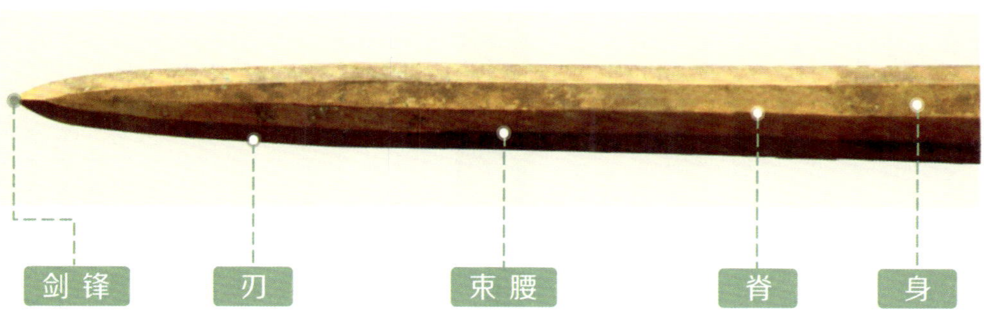

史料知库

刚出土时的青铜剑光亮如新。经化验分析，发现剑的表面有10～15微米厚的铬盐氧化层来防腐抗锈。这种工艺德国在1937年、美国在1950年才发明的，而早在2200多年以前的秦人就掌握了这种技艺，堪称人类冶金史上的一大奇迹。

英国的古兵器学家理查伯顿认为：“在短兵器格斗中，刺比砍更有优势，这就是所谓的“刺死砍伤”。古罗马军团在作战的过程中发现了这种细节，即相同的力量下刺比砍更致命。

“铍”原来是这样的

名　　称：铍

用　　途：兵器

馆藏地点：陕西历史博物馆

使用频次最高的兵器

名　　称：戈
用　　途：兵器
馆藏地点：陕西历史博物馆

戈，是与战争息息相关的兵器
与战争相关的汉字大多数都带有“戈”字旁
如伐、戮（lù）、战等

俊　俊　戈是怎样的结构呢？

戈由戈头和木柄构成，用于钩杀和啄击。　**蒙　毅**

俊　俊　戈在战争中使用广泛吗？

蒙　毅　“戈”是使用频率较高的格斗武器，成为兵器的代名词。

俊　俊　成为兵器的代名词，这句话怎么理解呢？

蒙　毅　你看，“临阵倒戈”“枕戈待旦”“金戈铁马”“同室操戈”“反戈一击”“大动干戈”“化干戈为玉帛”这些词语，都和战争息息相关。

俊　俊　的确是，涨知识了。

戈各部位名称

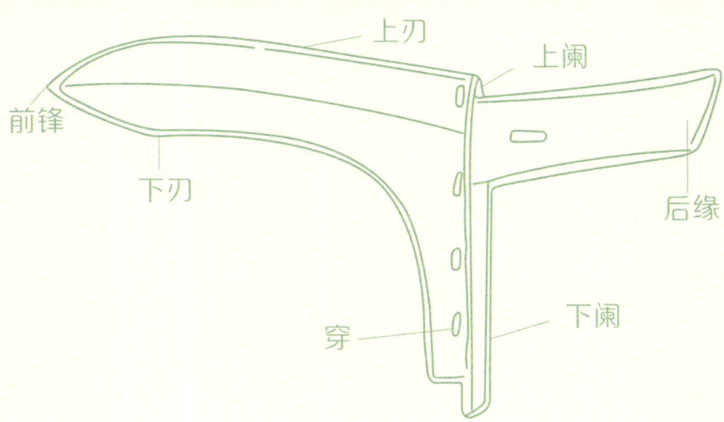

古代的“防弹衣”

名　　称：石甲和石胄（zhòu）

用　　途：防护

馆藏地点：陕西考古博物馆

石甲和石胄是古代将士的防护装备
类似于现在的防弹衣
能够最大限度保护将士免遭敌人的武器伤害
可以增强战斗力，给敌人以重创

俊　俊　将军，士兵头上戴的是什么啊？

蒙　毅　这是“甲胄”，也就是头盔，前面的铜环和铜钩，开合自如。

俊　俊　士兵穿的这个很精细。

蒙　毅　这是士兵穿的甲衣。它的排列顺序非常巧妙，以腰部为界，上片压下片、下片压上片。两肩也是下片压上片。这样的排列使士兵活动就非常方便。

俊　俊　哦，这样的设计很人性化。

考古现场

1998年，在秦始皇陵东南方向发现了1.3万平方米的甲胄坑，出土了石铠甲87领、石胄（战士的头盔）43顶、马甲1副、石马缰3组、青铜镞1支等。

这些甲胄由青灰色石甲片组成，主要有长方形、正方形、等腰梯形、直角梯形、圆形。是经过切割、打磨、钻孔，再用扁而窄的铜条一片片连缀而成的。做工精细，工艺高超。特别是小型鱼鳞甲，无论是形制还是制作工艺，都堪称铠甲中的精品。

合则战 分则安

名　　称：杜虎符

用　　途：调兵信物

馆藏地点：陕西历史博物馆

虎符

是古代调兵的信物

用来确保国君与军队之间的信息安全

分左右两半

右侧在君、左侧在将

如遇战事，左右兵符完全合并，方可调兵御敌

俊　俊　这只老虎好神气啊！

蒙　毅　这是虎符，用来调兵。虎符也叫“兵符”，是君主授予将军调动军队的信物，形似虎，所以被称为“虎符”。

俊　俊　这个虎符怎么只有一半啊？

蒙　毅　铸造时分左右两半，以子母扣扣合。

俊　俊　这个怎么使用呢？

蒙　毅　平时，左侧在将军手中，右侧在国君手中。每逢战争，将左右两半相符合才能调动部队。战争结束后，遂将右半虎符交回。(“符合”一词由此而来)

俊　俊　虎符身上的字好多呀！

蒙　毅　对，有9行40个字。内容为“兵甲之符，右在君，左在杜，凡兴士披甲，用兵五十人以上，必会君符，乃敢行之。燔燧（fán sui）之事，虽毋会符，行殹（yi）”。

俊　俊　这些字是什么意思啊？

蒙毅：第一，这是杜这个地区将军所持有的左半虎符；第二，调兵超过50人，必先会右半虎符；第三，如遇烽火报警的紧急情况，不必会君主的右符，即可自行调兵御敌。

俊俊：这里边的“君”指的是谁啊？

蒙毅：从其中的“君”字可知，秦国只有嬴驷一个人称过“君”，所以这是秦惠王嬴驷称王前所用过的兵符。

史料知库

1975年冬，陕西省西安市的杨东锋在平整土地时发现了左半边虎符，拿回家给妹妹当玩具玩。一段时间后，虎符身上露出了闪闪发光的金字，后来被陕西历史博物馆收藏。

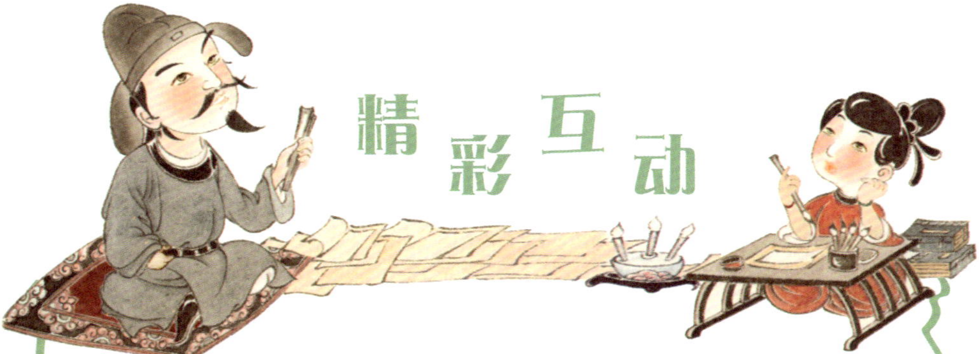

精彩互动

1.秦军为什么有小肚子？

观点一:早期秦人属于游牧部族，过着半游牧半农耕的生活，喜欢食肉。

观点二:定都雍城之后，这里土地肥沃、粮食充足，在保证日常的“口粮”之后，有足够的粮食酿酒。

观点三:士兵在上战场之前习惯饮酒，“酒精”使得士兵非常兴奋，杀敌非常勇猛。

观点四:与“扛鼎”等体育活动有关。史料记载，秦国人非常喜欢“角抵”“扛鼎”等娱乐活动，为了强健身体、便于作战，士兵在训练的时候常常练习“扛鼎”“投石超距”“角抵”等活动。

观点五:与秦人的审美有关。秦人认为“鼓腹”不仅是一种美，而且是家庭富裕、身体健康的象征。

2.秦军当时有没有马镫?

没有。

西晋时期出现了马镫，这是一种单马镫，协助上马使用。湖南省长沙市发现的永宁二年陶俑上的马镫，是我们目前发现最早的单马镫。

东晋时期出现了双马镫，1965年，在辽宁省北票县一座北燕时期的贵族墓里发现了目前最早的双马镫。

马镫的出现是人类出行史上的一次重大革命，降低了战争的成本，缩短了骑兵的培养时间，同时也降低了普通人骑马的门槛。一对小小的马镫改变了人类的出行方式。

秦陵考古再发现

从1974年开始

秦始皇陵陵园先后发现了

兵马俑、铜车马、百戏俑、文吏俑、铠甲、马厩等大量陪葬坑

全面展示了中国历史上第一个皇帝

秦始皇嬴政的另外一个世界

秦陵彩绘铜车马

1978年，在秦始皇陵封土西侧20米处

发现了两乘彩绘铜车马

两乘车一前一后放置于木盒之中

一号车称为“立车或高车”，二号车称为“安车”

两车均为“单辕双轮四马车”

都是按照秦代真人车马大小的二分之一比例制作而成

这是20世纪世界考古史上发现的

形体最大、器具最全、结构最复杂、工艺最精湛、

制作最精美、系驾关系最完整的铜车马

历经8年修复完成

高超的技艺、精美的彩绘、华丽的纹饰

再次呈现了

皇家车舆的华丽

开道警卫车

名　　称：一号车

用　　途：陪葬

馆藏地点：秦始皇帝陵博物院

一号车，又称“立车”

配有弩机、箭镞

负责开道与警卫，保护二号车的安全

俊　俊　这个车上的人、马比较小啊？

讲　师　这是按照真车的二分之一比例铸造而成。

俊　俊　这么形象、逼真，是怎么做的呢？

讲　师　先用青铜铸造好以后，再施以彩绘，用了7千克的金和7千克的银作为装饰。由7000多个零件组成，有7500多个接口、1300多个带纹接口、1000多个焊接口，先后用到了铸造、镶嵌、焊接、子母扣连接、活铰连接等40多种工艺。

俊　俊　这四匹马怎么拉车呢？

讲　师　这两辆车为“单辕双轮四马车”系驾方式，在驾驶的过程中，四匹马并驾齐驱、合力拉车。中间的两匹马名叫服马，负责驾车、掌握方向；旁边的两匹马名叫骖马，协助拉车。

俊　俊　这个车盖真漂亮。

讲　师　车盖为圆形，车厢为方形，体现“天圆地方”的思想。车盖的制作需要娴熟的铸造技术和金属配比经验，铜液的温度和流速要掌握得恰到好处才能做出这么薄、这么大的伞盖。

俊　俊　大秦工匠的铸造技术真是令人惊叹！

伞盖：厚0.1~0.4厘米，面积为1.12平方米，一次浇铸成型。现代技术无法铸成。
盾箙（fú）

错金伞柄

车衡

伞架基座

马轭

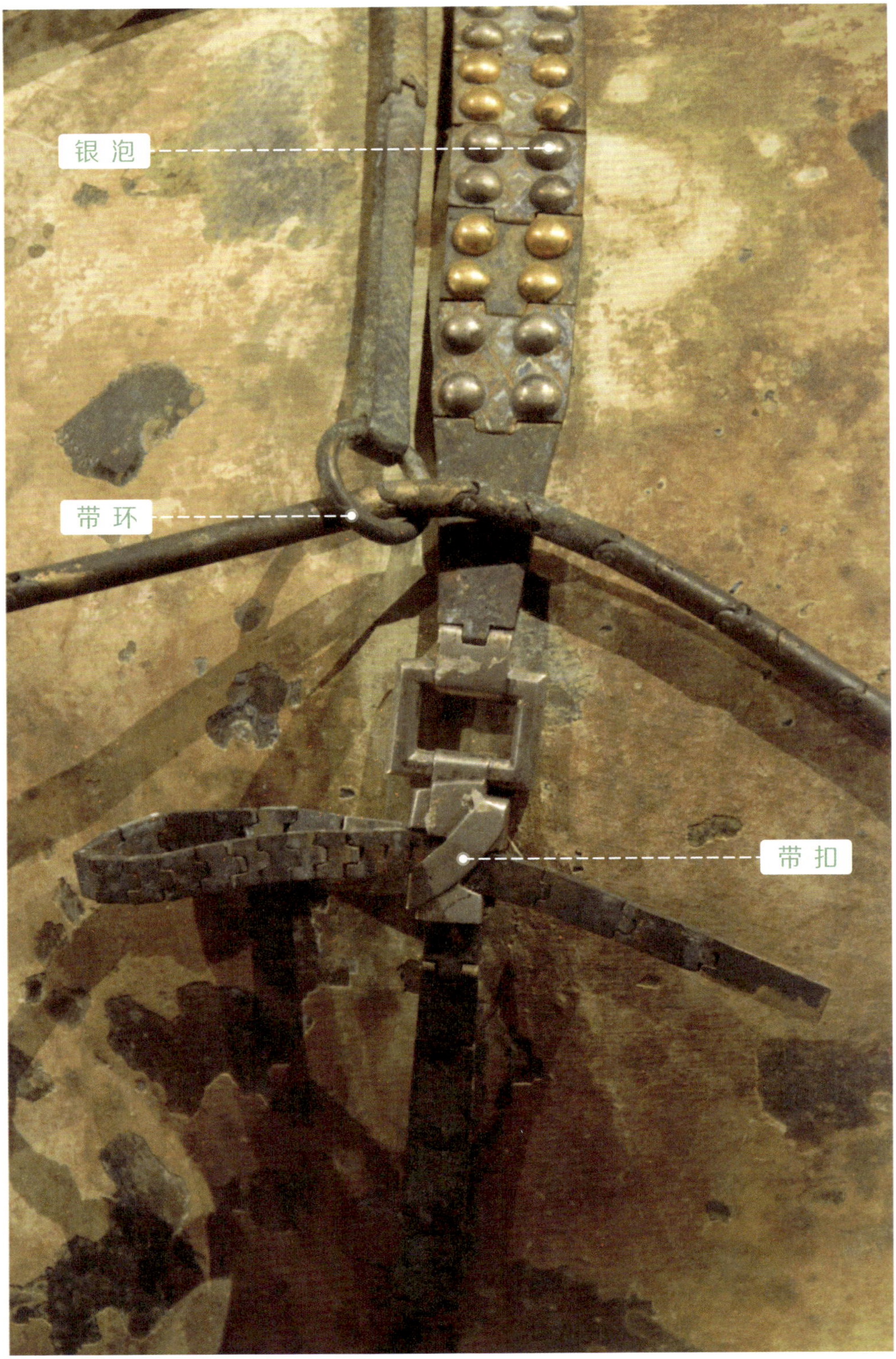
银泡
带环
带扣

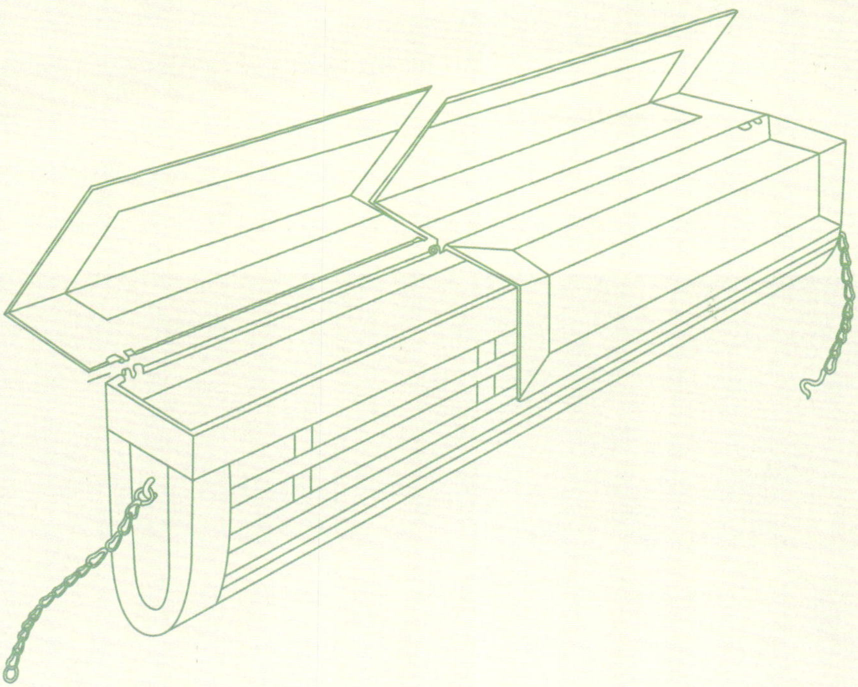

铜箭箙：青铜箭匣出土于一号铜车马车底的前端，呈长方形盒状，有两片可自由开合的盖，通体有彩绘纹样，出土的时候箭匣内装有54支青铜箭。

盾箙局部

盾箙彩绘

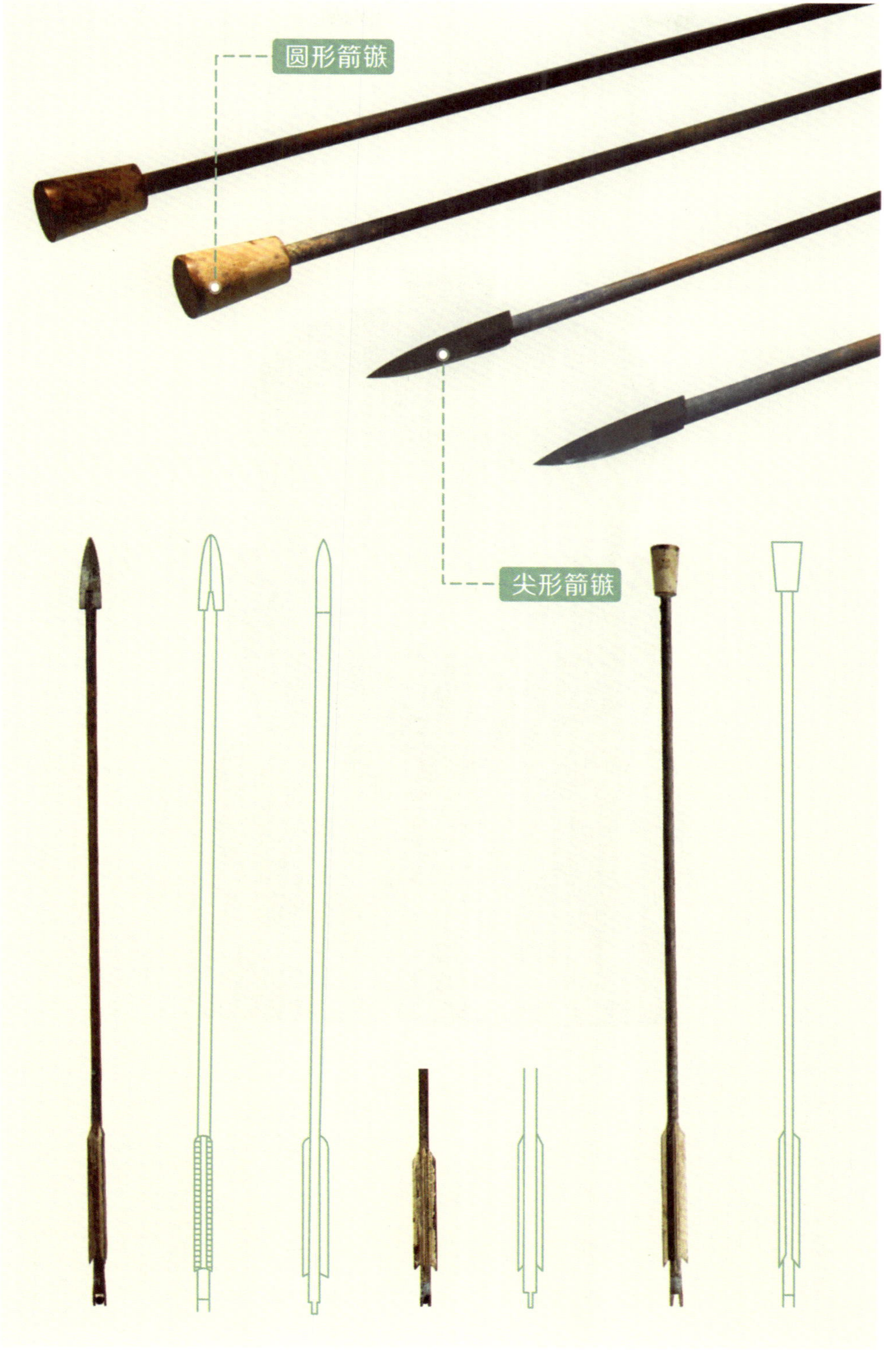
圆形箭镞
尖形箭镞

纹饰华丽 结构精巧

名　　称：青铜盾

用　　途：防护

馆藏地点：秦始皇帝陵博物院

盾牌是一种防御性的器具
用来遮挡身体，防止被敌人兵刃所伤
也可与刀相配，进行强有力的攻击

俊　俊　老师，这是一号车上的盾牌吗？

讲　师　是的，虽然只有实际大小的二分之一，高36.2厘米，底宽24厘米，厚0.4厘米，但制作非常精美。

俊　俊　这个盾牌造型很漂亮。

讲　师　盾牌呈“出”字形。上部呈弧形，中部双亚腰，四角上耸而内卷，下部呈方形，正面中部纵有一条鼓起的棱脊，体表中间微微隆起，上下两端凹下，背面正中间有桥梁形盾握，盾握上还铸出缠扎革带纹，装于车内侧的盾囊里。

俊　俊　这个盾怎么这么薄呀，还不是平面的？

讲　师　这个盾仅有0.4厘米厚，一次性浇铸成型，凹凸的曲面又增加了铸造的难度，盾身没有丝毫焊接修补的痕迹。

俊　俊　这怎么使用呢？

讲　师　盾牌是一种手持型防护兵器，通常左手持盾掩蔽身体，防卫敌人杀伤；右手持刀或其他兵器击杀敌人，二者配合使用。

盾，古人称之为“干”，与“戈”同为兵器，所以就有了“干戈相见”“化干戈为玉帛”等语句。

工艺精湛 再现匠心

名　　称：青铜壶

馆藏地点：秦始皇帝陵博物院

铜折巾

车軎

带银质小环的短绳

主乘车

名　　称：二号车
用　　途：陪葬
馆藏地点：秦始皇帝陵博物院

二号车，又称“安车”

三面有窗，从后门上下车

装饰华丽，纹饰精美，令人惊叹

俊　俊　这辆车和前面的车有点不一样啊！

讲　师　对的，驾车人是跽坐状态，略带笑容。后方有一个密闭的空间供主人乘坐，三面有窗，从后门上下。

俊　俊　这马头上都是什么啊？

讲　师　是纛（dào）、当卢、节约、马嚼子等。右侧马头上的纛是皇家车队的标志，用青铜丝制成。

俊　俊　老师，这个窗子上有小孔呀！

讲　师　这三扇窗子可以拉开以调节车内温度，确保乘坐的舒适性。当时在车内铺着华丽柔软的垫子，可卧可坐，非常舒适。

俊　俊　这两辆车的工艺太精美了！

讲　师　《周礼·考工记》记载：“故一器而工聚焉者，车为多。”这是当时最高生产工艺的集中体现，是工匠依靠双手创造的世界奇迹。

俊　俊　这两辆车的发现有什么重要的历史意义呢？

讲　师　《诗经·秦风》中记载：“四牡孔阜（fù），六辔（pèi）在手。”长期以来，令大家费解，这两乘彩绘铜车马揭开了答案。原来是中间两匹服马内侧的两辔系在车上，其他六辔在驾手的手中。

撑架

策，控马器具

带孔车窗

合 页

纛，皇家车队标志

束尾

车軎
飞軨由三页弧肩长方形铜片
叠合而成，是等级的象征。

“节约”一词的由来

“节约”是古代一种马具
是颊带、项带、咽带、鼻带和额带的连接点
在《说文解字》中，“节”是节点，“约”是约束，指在这个节点上约束

我们经常说节约用水、节约用电，其实“节约”是古代马具中的一种。“节约”的出现，不但可以减少绑扎的绳结，而且使绳带更加平整不乱，互相分开，避免马匹在奔跑中被绳结或金属磨坏皮肤。

“节约”主要流行于西周，以“十”字形、“一”字形、“X”形、“H”形等形式出现。“节约”的材质很丰富，有金有银，也有合金，这些精美纹饰是马主人尊贵身份的象征。

当卢
节约

当卢

节约

正面

背面

刀笔小吏

名　　称：文吏俑

用　　途：陪葬

馆藏地点：陕西历史博物馆

“刀笔吏”是古代对文人的一种称呼
古代的读书人及政客常常随身带着刀和笔
在竹简书写时，如有错，用刀削之再写
因此，他们被称为“刀笔吏”

讲　师　文官俑面带微笑，恭敬站立，侧腋下夹有竹简，右边的腰上挂着削（小刀）、砥石（磨刀石）。在竹简上书写时，如有错，用刀削之再写，所以他们又被称为“刀笔吏”。

俊　俊　哦，原来“刀笔吏”是这样来的，那个小刀就像我们现在用的橡皮擦呀!

讲　师　对。有些文官手里还拿有“钺”，是古代一种形似斧头的兵器，是权力的象征，代替皇帝实施某些政令。

俊　俊　哦，原来是这样的。

考古现场

2000年，在秦始皇陵封土北约50米处发现了一座文官俑陪葬坑，面积约410平方米，编号为K0006号。出土了12件站立的陶俑和4件青铜钺，陶俑身高185～193厘米，11件俑面向北，1件面向西。

坑中有8件陶俑，表情恭敬，略带微笑，随时准备记录。右侧腰间悬挂着削和砥石，在竹简上书写错误时，便用小刀刮掉重写。从陶俑的装束看，他们应该是秦王朝宫廷内中央官署的文官。

册

在甲骨文中，“册”字就像是将竹片、木片用绳子串联起来的样子。

删

“删”字的意思是在竹简上书写时如有错，用小刀刮掉再写。小刀类似于现在的“橡皮擦”。

宫廷娱乐

名　　称：百戏俑

用　　途：陪葬

馆藏地点：秦始皇帝陵博物院

报告

王上：

臣今日已对新组建的杂技乐团进行了考核，各项技能均已合格，随时可以进行演出，可表演寻橦、抵、扛鼎等众多娱乐项目，期待王上观赏。

考古现场

1999年，在秦始皇陵附近发现了一座百戏俑陪葬坑，面积约8000平方米，编号为K9901。出土了11件陶俑、1件青铜鼎、一些兵器和一些车马器。这些陶俑身着彩绘短裙，其他部位裸露。裙下部有各种纹饰，其中以菱格纹为主，另有星象纹、谷芽纹、“S”纹等多种纹饰，个个栩栩如生。这是从事“寻橦”“抵”“扛鼎”等活动的宫廷娱乐人员。“百戏”指的是古代的一种杂技活动。班固《汉书·西域传赞》记载有扛鼎、寻橦、吞刀、爬杆、履火、耍龙灯等活动，统称为“百戏”。

2012:9 号俑

2012:3 号俑

1999:5号俑

秦陵第一鼎

秦始皇帝陵博物院藏

在百戏俑陪葬坑的棚木之上发现了一件青铜大鼎，高61厘米，重212千克，呈两耳圆腹三足状，鼎腹有两列蟠螭纹条带，细致精美、饱满厚重，是目前发现秦代体量最大的青铜大鼎，被誉为“秦陵第一鼎”。

史料记载：秦武王因扛鼎较力绝膑而亡。扛鼎当时在秦国非常流行，专家推断，这件鼎有可能是百戏俑扛鼎的道具。发现的一件俑右臂向上举起，为举重物状态，极有可能就是秦代扛鼎大力士的形象。

灵动的水禽

名　　称：青铜鹅

用　　途：陪葬

馆藏地点：秦始皇帝陵博物院

2021年4月16日 星期五 晴

今天，妈妈带我参观了秦始皇陵兵马俑，在那里我看到了一些水禽。2001年年初，在秦始皇陵外城东北角发现了一个面积为978平方米的陪葬坑，编号为K0007号，出土了46件青铜水禽、15件大型陶俑等。

46件青铜水禽中有20只天鹅、20只鸿雁、6只仙鹤，它们出土的地方原来是个水池。这些水禽整齐地站在两边的台地上，头部都面向中间的水池。这是2200多年前水禽们生活的地方，它们遭到了火烧，受损非常严重，只有一只身高77厘米、身长125厘米的青铜鹤保存得比较完整。它低下头，嘴里啄着一只虫子，工匠们生动准确地表现出鹤在水中觅食的精彩瞬间，真是太厉害啦！

青铜雁

青铜鹤

禽兽

《尔雅·释鸟》中记载："二足而羽谓之禽，四足而毛谓之兽。"意思是说："两足而且有羽毛的动物称为禽，四足而且有皮毛的动物称为兽"，鸟类和兽类的统称便是"禽兽"。

"衣冠禽兽"本为褒义词，曾代指官员，源于明代官员的服饰。古代皇帝自称真龙天子，最能衬托皇帝"龙"形象的当然就是禽和兽了，所以明代官员的服饰规定：文官的官服上绣"禽"，武将的官服上绘"兽"。"衣冠禽兽"在当时成为文武官员的代名词，后来这些官员贪污腐败、压榨百姓，老百姓对他们非常的憎恨，因此这个词就成了贬义词，比喻品德败坏、行为如同禽兽的一群人。

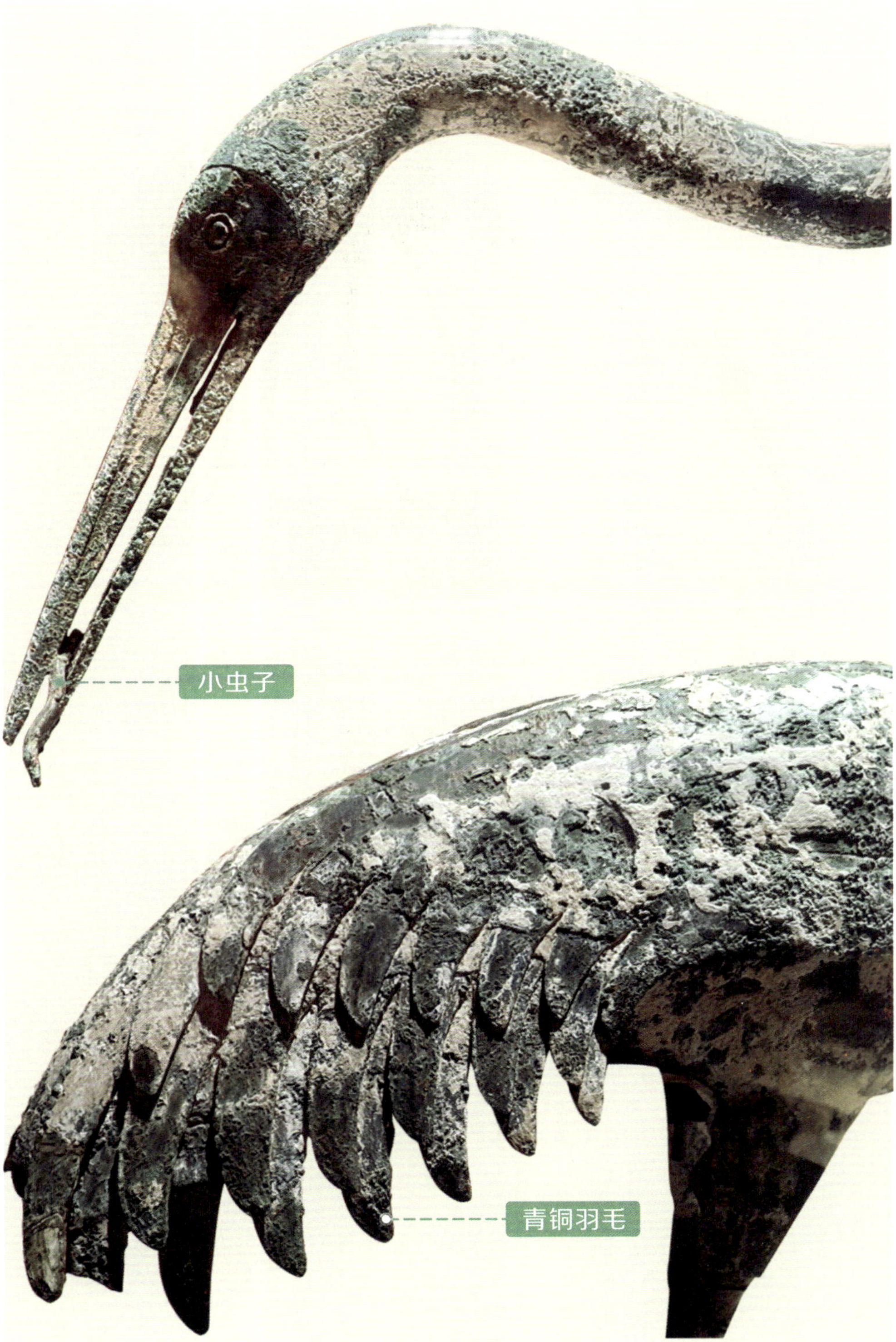
小虫子
青铜羽毛

三 云梦秦简

1975年，湖北省孝感市云梦县发现了12座古墓

在11号“喜”的墓葬里发现了1155枚竹简

共4万多字，震惊世界

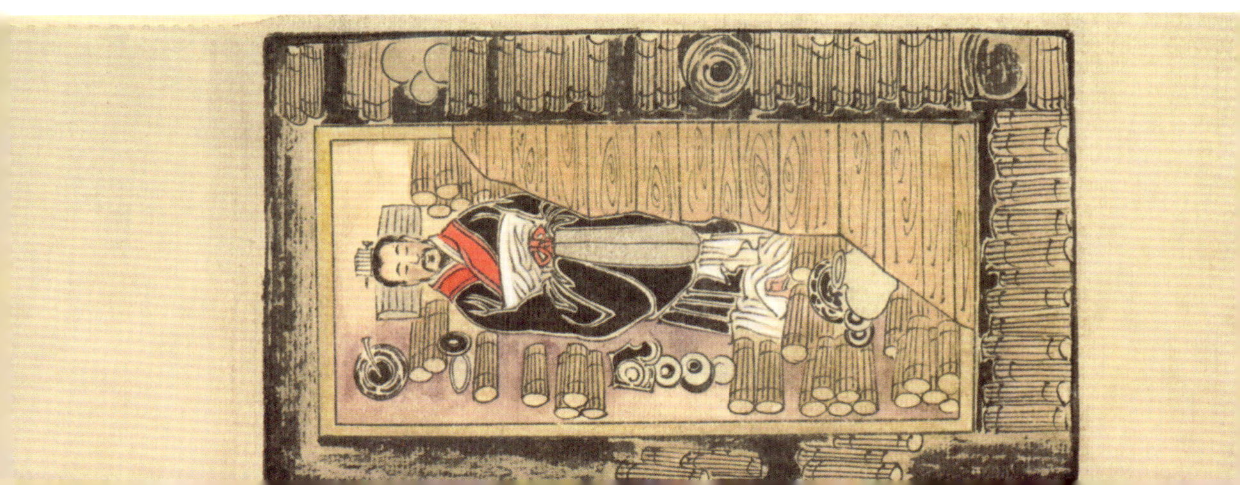

大秦·云梦

大秦令史“喜”的简历

姓　　名　喜

出生日期　秦昭襄王四十五年（公元前262年）

出生地点　秦代安陆（今湖北省云梦县）

经　　历　19岁从事文书事务的小吏

22岁时任安陆县令史，职掌文书

23岁起在鄢（yān）县任令史

29岁从军，数年后回家乡安陆任职

46岁病逝

小记者：老师，您好！这些秦简上的4万多字，有什么意义？

讲　师：当时文物工作者看到这些字非常激动，这么多的文字为研究秦朝提供了非常重要的历史信息。

小记者：竹简为什么在这个地方出现？按理说，这些简牍在陕西咸阳地区发现的可能性大呀！

讲　师：考古界有“干千年、湿万年、不干不湿只半年”的说法。云梦地区的地下水位很高，睡虎地墓葬长期浸于水中没有氧化，使这一重要的秦朝史料得以完整地保留下来。因出土地在云梦县睡虎地，所以称它为“睡虎地秦简”。

小记者：哦，那这些竹简上的文字都记录了什么呀？

讲　师：有当时的法律制度、行政文书、医学著作以及占卜等，有《秦律十八种》《效律》《秦律杂抄》《法律答问》《封诊式》《编年记》《语书》《为吏之道》等。为我们研究秦帝国的法律、政治、经济、文化等提供了十分翔实可靠的资料。

小记者：这里边有没有与我们生活相关的一些记载？

讲　师：有啊。像环境保护法、最早的消费者保护法（商品必须明码标价），审讯的时候，不能严刑拷打，防止严刑之下出现的冤案。又比如官员到基层要自带口粮，严禁“吃、拿、卡、要”；见义不勇为要受罚；官员交接时要进行离任审计，用严苛的刑罚来惩罚官员的贪污受贿行为。

小记者：我听一位老师说，云梦睡虎地秦简比法兰克福法典早1000多年，是世界上最先进的法制文明。

最早的战地家信

1975年

在湖北省云梦县睡虎地4号墓出土了两片木牍

共527字

这是“惊”写给哥哥“衷”的信和“黑夫”与“惊”兄弟

写给哥哥“衷”的信

是我国目前已发现最早的家书实物

反映了兄弟二人对亲人及家乡的思念

哥哥“衷”死后

家人将这两封家书放在了棺材的中间位置

足见这两封家书在哥哥心目中的重要地位

“黑夫”和“惊”是战国晚期秦国的两个普通的士兵

参加了秦国统一战争中的一场灭楚的重要战役

“黑夫”和“惊”的信写于公元前233年二月

“惊”的信写于公元前233年三四月间

这两封家信经过三四百千米几经辗转

终于从战火纷飞的淮阳前线抵达了他们的家乡

安陆

专家学者

根据“黑夫”和“惊”向家里索要衣服和钱的内容推断

秦国军队应该没有军饷

甚至连日常花销和更换的衣物都由家里负担

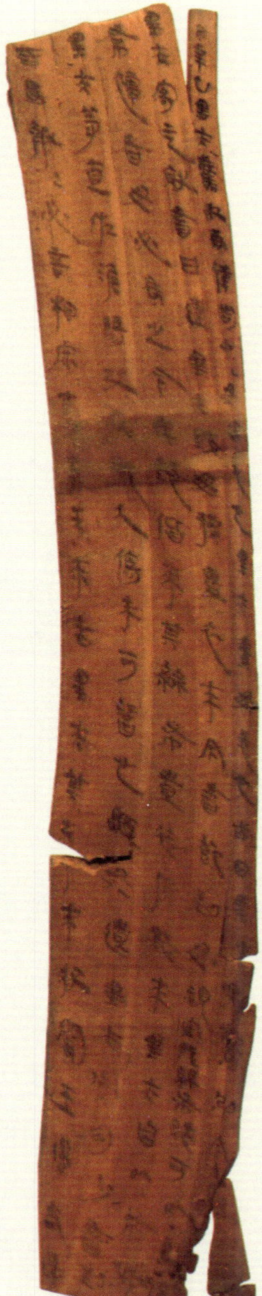

家信

大哥：

母亲、家里一切都好吧？我俩现在挺好的。前几天我和惊在部队里走散，今天才得以见面。

给我寄些钱来，让母亲给我做件夏天的衣服一起寄来。如果咱家那里布贵的话，就多寄点钱，我在这里买布自己做。

最近，大军准备去攻打淮阳，时间会比较长，让母亲给我多寄点钱，收到信后就给我个回信。我俩挣的爵位大王兑现了吗？是什么爵位啊？衣服和钱务必寄到南军……千万别寄错了，一定注意。

大哥，替我和惊向姑姑、姐姐、季须问好。顺便问问婴记季，我们给他说的事他定下来没有。帮我们问候一下夕阳里的吕婴、匾里阎诤丈人……婴还好吧？让她好好照顾老丈人，不要经常生气，一定要记住……

弟弟：黑夫 惊

哥哥：

母亲最近好吗？你要给我说实话，母亲真的没事吧。前一段时间，我在军中见到了黑夫，我们都很好，不要挂念……

让母亲给我寄五六百钱，最少二丈五尺好布……我借了垣柏的钱都花完了，再不寄钱来，我必死无疑，急！我媳妇婴还好吧？叫她要好好善待两位老人……我不在家，婴母子就拜托大哥照顾一下，千万不要让她去太远的地方砍柴，大哥一定要照顾好她……听说新地的百姓都逃走了，这很正常，新地这个地方盗贼多，大哥一定不要去……姐姐和她刚生的儿子彦还好吧？

大秦·律令

大秦·法制

大秦云梦县判决书

原告：黑娃

被告：二狗

事由：秦王政三年六月三日二狗与黑娃因琐事打架，在打架过程中拔掉了黑娃的胡须，且拽断了一些头发。

审判结果：按照大秦律法规定：“斩人发髻和拔人须眉者，判城旦(5～6年的刑罚)。”现对二狗的违法行为判处“城旦”，希望二狗反思自己的错误行为，认真服刑改造。

大秦云梦县廷尉

云梦睡虎地秦简中有关秦律的记载

第一条：看见有人正在伤人杀人，凡百步以内旁观漠视不加援救的，罚两副甲的钱。

第二条：有人偷得一百一十钱，妻子儿子知道是偷盗来的，买肉同食，三人如何定罪呢？同罪。

第三条：丈夫犯罪，如果妻子提前告发，不受惩罚。

第四条：甲盗得赃钱一千，乙知是赃钱，还参与分赃，即使分得不

足一钱乙与甲同罪。如乙不知道，不应处罚。

第五条：甲将偷来的钱买成丝后寄给乙，乙已经收到丝，乙不知道这丝是用偷来的钱买的，乙如何定罪呢？无罪。

第六条：秦朝官员在工作中弄虚作假、乱作为，按律严惩，罚盾，同时撤职并永不录用。

第七条：贼人潜入甲家中行窃，甲呼喊求助，邻居、里典、伍老已外出没有听到呼救，如何论处？四邻不在家，不处罚；里典、伍老不在家，仍应处罚。

第八条：丈夫偷盗得一千钱，妻子藏匿（nì）了三百钱，对妻子如何定罪呢？如果妻子知道是偷来的钱，按三百钱进行处罚，如果不知道是偷来的，不处罚。

第九条：甲到官府告乙杀伤人了，经询问，乙杀人，甲可以受到二两金的奖励。

史料知库

古人认为："身体发肤，受之父母，不敢毁伤，孝之始也。"蓄发是对父母的孝敬，伤人毛发是对他人的严重伤害。秦法规定，剃掉头发的"髡（kūn）刑"（剃光头）和刮掉胡须的"耐刑"，是对重罪犯人才会判处的惩罚。秦兵马俑坑出土的秦俑发型各异，胡须美观，表现出秦人对发、须、眉的重视以及对美的追求。

大秦·农业

大秦司农令

各郡县：

时至初春，各地行政管理部门切实落实《田律》中各项规定，保护自然生态环境，如有违反，管理者与违反者按律从重处罚。

附录：田律规定细则

1.春夏两季不准采刚发芽的植物；

2.不准毒杀鱼鳖；

3.不准到山林中砍伐木材；

4.不准烧草作为肥料；

5.不准捕捉幼兽、卵；

6.不得堵塞水道。

如有人去世需要木材做棺材的，是不受处罚，只需到官府报备即可。

秦朝为了促进农业发展制定了许多措施，其中，有些措施在今天看来非常科学合理。

1.《田律》规定：七月以前不能砍伐树木，如有人死亡需要伐木做棺则不受时间限制，这一规定非常人性化。

2.借用官府的铁制农具在农业生产中损坏或使用时间过长严重破损的，及时以文书上报，归还不必赔偿。

秦律在农业生产、旱涝灾害等方面做了详细的规定，可及时了解全国的农业生产情况。

大秦·徭役

放假通告

各工程项目：

春播十天后开始，各项目主管部门安排抵债人员休假二十天回家播种，切勿错过农时。

云梦睡虎地秦简中有关秦律的记载

第一条：《秦律·戍律》中记载：不能在一家同时征调两人服役，若违反，对县尉、县啬（sè）夫等相关人员进行处罚（两副铠甲的钱）。

第二条：《秦律·司空》中记载：触犯法律被判处罚款，以徭役进行偿还的罪犯在每年春种、秋收时节各放假20天回家播种、抢收。

第三条：《秦律·司空》中记载：城旦舂（城旦指被判处服役5~6年的男子，舂指被判处服役5~6年的女子）的服役人员按照规定发放衣物、粮食。有妻妾（且为自由人）的隶臣（被判处终身服役的男子）需自备衣物。

第四条：《秦律·司空》中记载：触犯法律被判处罚款，但没有能力偿还的的人可以以徭役抵债。劳动一天可抵六钱，服役期间官府给予食物。

第五条：《秦律·司空》中记载：服徭役的工钱可以折算成粮食进行发放，成年男子每月发粮食二石（dàn），成年女子每月发粮食一石半，身高不足六尺五的男子，每月发粮食一石半。伤病期间不能劳动的，每月发粮食一石。

大秦·吏治

处罚令

经核实，"悦"之前犯过重大错误，已被撤职，永不录用。"恒"违律推荐，罚两副铠甲，限三十日内交于官府。

县令 七泽

俊 俊 老师，秦朝是怎样选拔官员的呢？

讲 师 秦朝主要通过"推荐""试"（类似于招聘考试）"保举"三种形式选拔国家管理需要的人才。中央和地方主要官员由皇帝直接任命。

俊 俊 竹简上有"任法（废）官为吏，赀二甲"的记载，这是什么意思呢？

讲 师 意思是推荐、保举那些有重大问题的"废官"，对推荐人和保举人处以两副铠甲的惩罚。

俊 俊 对这些官员怎么进行考核管理呢？

讲 师 通常在年底以"上计制度"对官员进行考核，地方官员对下属考核完后将"计书"报送中央进行审核，以此作为官员奖惩、升迁的依据，对于那些不作为、责任心不强的劣质官员进行剔除淘汰。

大秦·司法

俊俊 老师，我看到一些史料上说，秦朝已经有了完善的司法体系。

讲师 是的，当时的司法已经非常成熟。立案后，开始现场勘查，调查取证，审讯结束后向罪犯宣读判决书，如罪犯不认可判决结果可以上诉。

俊俊 当时办案有什么具体规定吗？

讲师 有。当时已有标准的勘查程序和操作规定：第一，勘验由专人负责；第二，勘验时注重现场细节的记录；第三，勘验时对现场人员及邻里进行询问并做好相关记录；第四，在审讯中不得严刑逼供等。

秦朝的办案活动中，现场勘查已经制度化。这一现象与秦时“皆有法式”的文化特征相契合，反映了当时程序化的办案行为。

《封诊式》是关于查封与勘验程序的一部书籍，是世界上最早的刑事侦查书籍。以案例为主，记录了他杀、自缢、行窃、小产等调查与勘验制度。勘验由专人负责，注重现场细节记录，并对相关人员询问并作笔录。如在“经死”案例中，令史询问死者家属是否知道自杀缘由；在“穴盗”案例中，令史询问失主邻居，是否曾见到失主有被盗物品。

盗窃案例“穴盗”中出现了“手足痕迹”的勘查记录：一对夫妻起床后发现自己的衣服被偷了，查看四周发现墙上有个大洞，旁边有一堆土，上有手足痕迹等。他们及时向官府报案，侦查人员及时赶到现场进行取证调查。

四 里耶秦简

2002年夏，湖南省湘西里耶古镇

一口方井之中出土了37400余枚秦代简牍

共20多万字

这些文字的出现震惊了整个世界

大秦·迁陵

发掘报告

项目名称 里耶古城遗址

发掘时间 2002年夏

发掘地点 湖南省湘西土家族苗族自治州龙山县里耶镇

发 掘 者 张春龙、龙景沙

发掘成果 37400余枚秦简，共20多万字

内容范围

记录了从秦王政二十五年（公元前222年）到秦二世二年（公元前208年），关于户口登记、土地开垦、司法文书、刑徒管理、田租赋税、劳役徭役、祭祀先农、仓储钱粮、兵甲物资、道路津渡、邮驿管理、奴隶买卖的相关政令文书。

历史意义

这些竹简让沉睡了2200多年的大秦帝国苏醒过来，使秦人的生活清晰地展现在世人面前，是继西安兵马俑以后秦代考古的又一惊世大发现。

中华第一井

里耶古城这口井中出土了37400余枚秦代官署档案简牍，是我国此前考古发现秦简数量总数的10倍，反映了秦王嬴政二十五年至秦二世胡亥二年的政治、经济、军事、法律、邮政、天文历法等方面的内容，为进一步研究大秦王朝提供了真实可靠的实物资料。

里耶，秦时称为“迁陵”，位于酉水之滨，为水路交通要道，战略位置极其重要。有人说西安兵马俑是大秦帝国的躯壳，里耶秦简则是这个躯壳内的思想和灵魂。

2000多年前的乘法口诀

讲师 小朋友，你看，这是2000多年前古人的乘法口诀表。

俊俊 啊，2000多年前人们已经开始使用乘法口诀表啦？

讲师 这枚“九九乘法口诀表”是我国发现最早、最完整的乘法口诀表实物。2200多年前的秦朝，中国人已经熟练掌握了乘法交换规律，并将其应用于生活中。

俊俊 哦，老师，为什么叫“九九乘法口诀表”？

讲师 它是从“九九八十一”开始的。里耶秦简九九乘法表从开头的“九九八十一”到末尾的“凡千一百一十三字”共39句。其中，“二半而一”的意思是说二乘以二分之一等于一，说明早在秦朝就已经有分数的概念了。最后一句“凡千一百一十三字”，说的是乘法表中所有乘积的和等于1113。

俊俊 “二半而一”，太有意思了，这个发现有什么意义？

讲师 里耶秦简“九九乘法口诀表”的出现，改变了世界数学的发展史。中华民族发明乘法口诀表比西方早了600余年。

文献记载，乘法口诀在西周就已经出现，都是从“九九八十一”开始，所以称为“九九乘法口诀”，大约到13世纪才倒过来“从一一得一到九九八十一”。

在古巴比伦的泥版上也发现了乘法表，但汉字音节的发声形式读起来更方便，且朗朗上口、计算速度更快。

正

九三(九)八十一　八三(八)六十四　七三(七)卌九　六三(六)卅六☐　☐五三(五)二十五　二四而八

八九七十二　七八五十六　六七卌二　五六卅☐　☐四五廿　三三(三)而九

七九六十三　六八卌八　五七卅五　四六☐　☐三五十五　二参而六

六九五十四　五八卌　四七廿八　☐　☐二五而十　二三(二)而四

五九卌五　四八卅二　三七廿一　☐　☐四三(四)十六　一三(一)而二

四九卅六　三八廿四　二七十四　☐三四十二　☐　二半而一

三九廿七　二八十六

二九十八

大秦·邮递

大秦·邮人任免

请示

县丞大人：

现在成里的里典和启陵乡的邮人空缺，属下建议任命成担任里典，匄(gài)担任邮人，恳请大人让县尉大人同意批准。

启陵乡啬夫

批示

此事没有法律依据，甚为不妥。现在启陵乡已经有一个里典，为什么还要再增加一个？

迁陵县丞

秦朝的邮人实行终身制，由县级政府负责邮人的人事任免，可以父子相继。一旦成为邮人，除其本人免服徭役外，其家庭成员的户籍也会随之变化。

正

卅二年正月戊寅朔甲午启陵乡夫敢言之成里典 启陵

邮人缺除士五成里匄成=（成）为典匄为邮人谒令

尉以从事敢言之

背

正月戊寅朔丁酉迁陵丞昌却之启陵 廿七户已有一典今有(又)除成为典何律令

应尉已除成匄为启陵邮人其以律令/气手/正月戊戌日中守府快行

正月丁酉旦食时隶妾冉 以来/欣发 壬手

大秦·邮递制度

俊俊 老师，“行洞庭”这三个字我认识，其他两个字是什么呀？

讲师 这是“迁陵以邮行洞庭”秦简，意思是迁陵县的邮人步行将官署公文送至洞庭郡。这是邮书封检木牍，是中国最早的“信封”。

俊俊 啊，这个靠走路传递啊。那还有其他的方式吗？

讲师 除了走路传递，还有车、马、船等工具。

俊俊 老师，在传递过程中会不会被人偷看呀？

讲师 信件发出之前，先用绳子把竹简捆绑好，放置封泥，盖上印戳，这样就可以防止传递过程中被人偷看。

俊俊 哦，明白了。有的竹简上有“快行”两个字，这是不是类似于今天的特快专递？

讲师 对。有“快行”字样的文件、物资必须快速送达，根据传递方式就可以算出来需要几天。竹简上明确记录了文书的数量、发送机构、发往地点、何人封印、传递方式、收发时间、文书持送人等信息，尤其是公文的收发时间详细到年、月、日和具体的时刻。

俊俊 啊，真是太了不起啦！

"迁陵以邮行洞庭"邮书封检木牍，是目前中国最早的信封。

大秦·邮路里程简

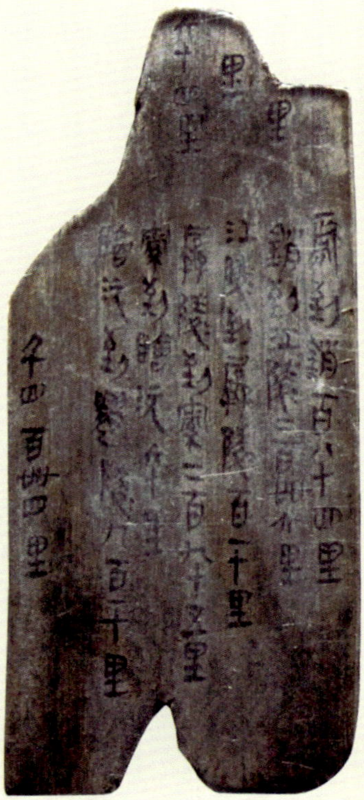

☐☐
☐里
☐里
☐六十四里
☐☐

鄢到销百八十四里
销到江陵二百卌六里
江陵到孱陵百一十里
孱陵到索二百九十五里
索到临沅六十里
临沅到迁陵九百一十里
☐☐千四百卌四里

这枚竹简记录的是从南郡属县“鄢”到洞庭郡属县“迁陵”所经站点及里程，左边“□□千四百卌四里”是整个线路的总里程。这是邮人工作效率的依据，也是统计邮人行书工作量、考核地方行政文书传递速度的依据，是我们发现最早的邮政系统里程核定表。充分反映了秦朝全国范围内非常发达、完善、快捷的邮政系统。

这枚竹简反映了秦朝县级机构公文处理做到了及时、准确、安全、规范。文书的收发都有准确的时间记录，不仅记日，甚至还使用水漏精确到时和分。

大秦·户籍

大秦·身份证

照身帖是一种常用的通关凭证，上面写着持有人的姓名、性别、年龄、肤色、身份、社会关系等，以便核验身份，类似于现在的居民身份证。

其中一枚竹简上记录了守边的戍卒，他父亲叫产，身高七尺四寸（约171厘米），皮肤黝黑，年龄31岁，公元前213年，由迁陵县签发。

还有一片木牍记录一名叫“吴骚”的男子，皮肤黄皙（xī）色，椭圆形脸，身高七尺三寸（约168厘米）。这是2200多年前吴骚的“身份证”。

□里户人大女子杜衡

故邯郸韩审理大男子吴骚为人黄皙色隋面长七尺三寸

年至进可六十三、四岁行到端毋它疵瑕不智衣服死产在所

大秦·户口簿

户籍是国家掌握劳动人口、征调徭役和征收赋税的主要依据，据此协调国家资源、维持正常统治和社会秩序，确保国家的财政收入。一个国家灭亡的标志就是交出所有的“户籍人口”“钱粮田土”册子。

秦朝户口登记类似于今天的“户口簿”，特点是一木板记一户，称为“户版”，又称“户籍”。户版的“正本”保存在乡，“副本”保存在县官署。人口档案中还包括常居人口、流动人口、奴隶等。

秦简中还记录了当时普通家庭的人员组成，有籍贯、年龄、爵位、身高、肤色和长相等，是世界最早的“户口簿”和“身份证”的实物资料。

秦国商鞅变法后强力推行小家庭制，要求家有成年男子二人以上者应另立户籍，否则视为“同居”，将加倍征税。如果隐瞒户口，就是所谓的“匿户”，要严加惩罚。

南阳户人荆不更□喜　妻大女子媅　子小上造章　子小女子趙

子不更衍　隶大女子华　子小上造犺　子小女子见

大秦·公文

日常公文 格式成熟

公文是官府机构之间传达政令、交换信息的重要载体。秦朝政府公文按照重要程度分为急行文书和普通文书两大级别，以便分类处理，提高办公效率。秦朝的《行书律》规定，急行文书包括皇帝诏书和重大军政要事，必须立即传达，不能有片刻停留，保证了秦朝政府机构的行政效率。

在考古发掘过程中，发现了上行公文木牍、平行公文木牍、下行公文木牍三类。当时公文分类详细，用语格式相对固定，向上级发文称“敢言之”（相当于今天的“XXX请示”），向同级单位发文用“敢告”（相当于今天的“XXX函”），向下级发文称“告”“谓”（相当于今天的“XXX通知”），说明了秦朝的公文制度已经相当成熟。

正

廿六年十一月甲申朔戊子貮春乡后敢言之丞相言得巍城邑民降归义者有故

臣妾为拾虏鼠之令书已到敢言之

背

□辰佐臧以来/□手　赾手

归降者管理简用的是“敢言之”，这是一种发给上级的公文。其中还有一枚使用敢言之写给上级的公文，意思是：秦始皇二十八年（公元前219年）七月初一，迁陵官员佐史将当天处理的事务记录下来，汇报给上级，时间注明为水下三刻（今8时10分至9时15分）。

填泥按印 以防私拆

信函结构示意图

步骤	第一步 公文函及封检	第二步 系绳	第三步 放封泥	第四步 盖印
示意图	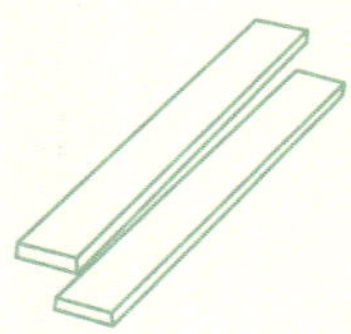	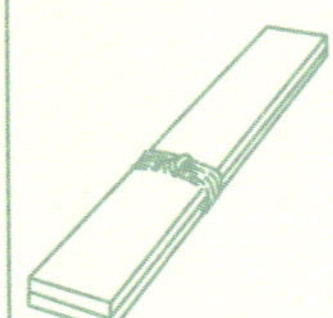	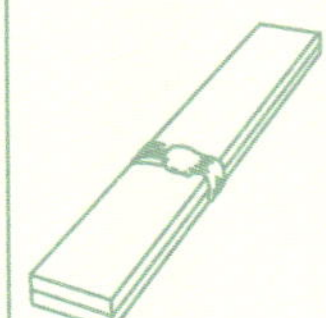	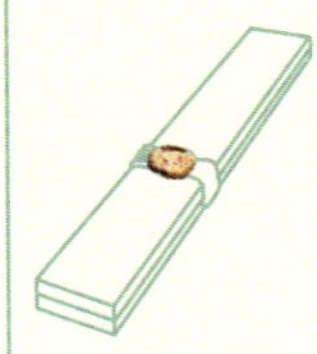

秦朝时，公文非常重视“保密工作”。为了防止传送中被私自拆阅，要对公文进行封缄。封缄方式是在写有公文的简牍上盖一块被称为“检”的木板，然后用绳子将“检”和文书简牍捆扎在一起，在“检”上放上封泥，再在封泥上盖上负责管理的印章，最后在“检”上写上文书的收发地址、邮件人、邮传方式等。这相当于今天的“信封”。

酉阳丞印

封泥匣是在封检上安放封泥使之固定的木匣。文书写好之后，为防止他人私自拆阅，需要将捆扎文书的绳子的接头处放置在专用的封泥里，且封泥上还要加盖负责官吏的印章，方才完成封缄。这是当时官方传递信函必需的一个程序，以保证邮件安全送达目的地。

大秦·管理

“扣”的履历表

资中令史阳里扣伐阅 □计□户计

十一年九月□为史 年卅六

为乡吏九岁一日

为田部吏四岁三月十一日 可直司空曹

为令史二月

“伐”指功绩，“阅”指经历
“伐阅”是官吏任职与提拔的重要依据。

文物解密

里耶秦简出土的令史伐阅竹简记录了官吏所任职务和任期时间，类似于今天的“履历表”。

这枚秦简记录了年龄为36岁的资中县令史阳里人“扣”的履历，“扣”令史是县令的下属官吏，负责文书管理。

“扣”令史经历：

十一年九月提拔为吏

担任乡吏九年零一天

担任管理农事的田部吏四年零三个月十一天

担任令史两个月

汉魏时期，人们将“伐阅”立于门外柱子上，以彰显功业成就。大门左边的柱子称为“阀”，右边的柱子称为“阅”。这便是“门阀”“门阀世族”的由来。

东汉时期，门阀观念开始萌芽。曹丕继位后，实行九品中正制。最初以“唯才是举、不分门第”的原则取士，后来，担任选士的中正只推选高门子弟，从而加速了世族阶层的形成，出现了“上品无寒门，下品无世族”的现象。这种现象在东晋时达到了鼎盛。隋唐初期，门阀世族对朝代的建立有功，皇帝多以温和的政策进行改革以削弱世族势力。隋文帝废除九品官人法，改行科举取士，意在以才取士，废除门阀任官系统。隋朝甚短，未见成效。直到唐代，以个人文化水平考试为依据的科举制度逐渐取代了门阀制度，科举考试从此成为古代官员的选取方式。

大秦·祭祀

据史料记载，秦朝祭祀时，参与祭祀的人都可以无偿分享祭品，但里耶秦简告诉我们，祭品是要买的。竹简上记载：一个叫“赫”的刑徒和一个叫“最”的刑徒在祭祀之后出钱买了祭品。

关于祭祀，秦简上还出现这样一个有趣的现象：在一枚简的两面，同时记有年月日、管理者、经手人、记录者、接收钱粮物品人名及数量，而在简的一侧刻着表示钱粮数量的“刻齿”，刻齿与数量相互对应。就是当事人可以根据抄录的数量对照刻齿，也可根据刻齿读出数量。如果数量与刻齿不相符合，说明当事人从中舞弊，可以据此追究有关人员的责任。这很像今天记账用的“三联单”。

卅二年三月丁丑朔丙申，仓是佐狗出黍米四斗以祀先农。

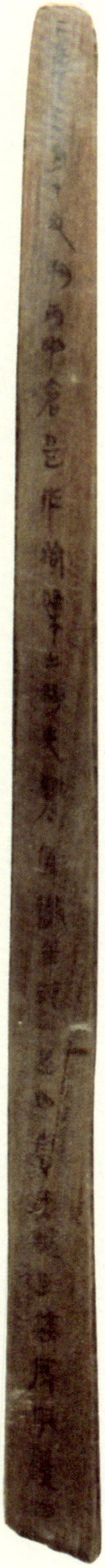

卅二年三月丁丑朔丙申仓是佐狗杂出祠先农余彻羊头一足四卖于城旦赫所取钱四□

大秦·仓储

报告

郡守：

我已到贰春乡任职，原乡长“兹”久拖不愿意交接，还用私人印章封了仓库，“兹”不知道什么时候才能回来。仓库里有没有粮食我不确定，如果有紧急调粮指令，我也无法打开库门，请派一名官吏同我一起打开仓库核验。

贰春乡乡长平

湖北云梦睡虎地秦简《秦律十八种·仓律》记载：仓储管理由仓守、仓啬夫等承担监管的责任，仓储重地，闲人免进，防火防盗，防腐防虫，若有失职都要受到“赀一甲”或“赀二甲”的处罚，就连县令、县丞都要负连带责任。里耶秦简中就有很多仓吏防鼠盗、捕鼠的记录，说明秦的仓储管理非常细致严格。

《说文解字》中记载：“禀，赐人以谷也。”“禀人”是地方上负责管理和发放粮食的专职人员，粮食的收储和发放有严格的时间规定而且要进行详细记录。

秦律规定，发放仓储的粮食，首先要报请县令或县丞批准同意，由仓储主管仓守或仓啬夫、仓武、禀人共同发放，由史或佐记录粮食发放的数量、时间、地点。出土的秦简记录了粮食有发给婴儿的，有发放给成人的，也有发给外出的官吏的等，且有明确的发放时间、地点、数量。秦简中还发现了军用物资出仓记录。迁陵武器仓库有甲衣349件，大量武器装备从迁陵发往益阳。

正

卅四年二月丙申朔己亥貳春乡守平敢言之廷令平代乡兹守貳春今兹下之廷

而不□□以仓粟=问之有不告平以其□印封仓以私印去兹□使未归

远逃而仓封以私印所用□盗贼粮尽在仓中即盗贼发吏不敢

蜀发仓毋以智粟=□不□有恐乏追者粮食即兹复□之官可缺

背

不□谒遣令史与平诊之谒报署仓发感言之

二月甲辰日中时典辆以来/壬发　平手

大秦·公债赔偿

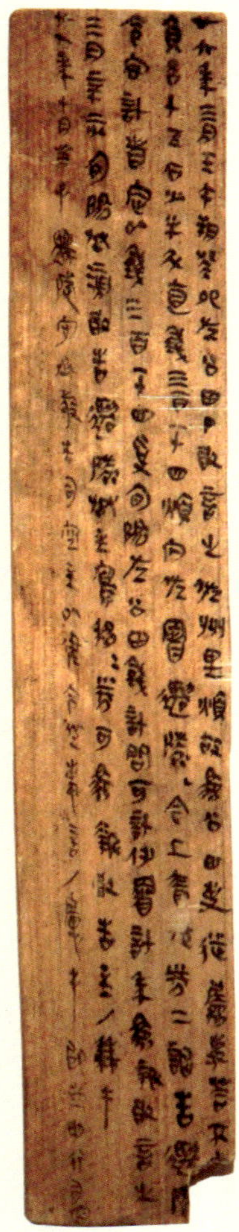

廿六年三月壬午朔癸卯左公田丁敢言之佐州里烦故为公田吏徒属事荅不备分

负各十五石少半斗直钱三百一十四烦冗佐署迁陵今上责校券二谒告迁陵

令官计者定以钱三百一十四受旬阳左公田钱计问可计付署计年为报敢言之

三月辛亥旬阳丞滂敢告迁陵丞主□移移券可为报敢告主/兼手

廿七年十月庚子迁陵守丞敬告司空主以律令从事言/应手即走申行司空

这枚秦简的内容是一名叫“烦”的佐官，曾在担任公田吏时因做事不当需赔付粮食十五石，约合314钱，现由田官向迁陵县长官说明债务情况，并询问如何赔付。

大秦·公船丢失案

报告

县丞大人：

二月份，迁陵县汉阴里人“狼”借用本县一条公船去收购故楚诸地存仓的陶器，此船至今尚未归还。狼是司空昌官手下之人，我已函告昌官，要他命令此人还船。昌官回报说：狼有狱讼之事被传唤，在覆狱卒史衰、义那里。现在办理了一份钱校券，准备上达衰、义，请求对船的下落予以查实。如果船已丢失，请协助办理一份债券移交给迁陵县；若船未丢失，告知下落。

迁陵县代理司空樛（liáo）

批示

樛：

这是二月份的事情，究竟为何到八月才处理，无法协办，此事按相关规定处理。

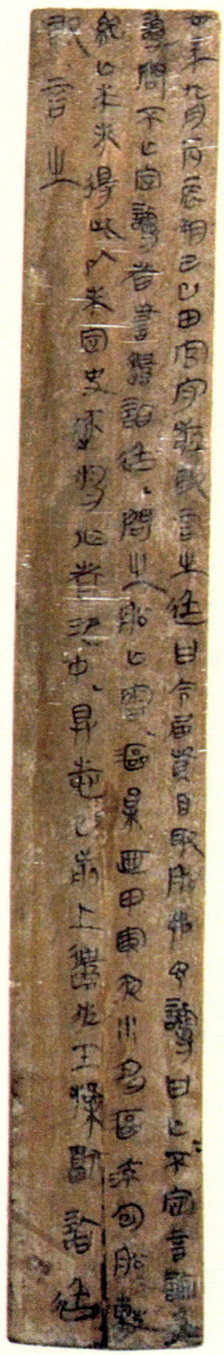

卅年九月丙辰朔己巳田官守敬敢言之廷曰令居赀目取船弗予谩曰亡=不定言论及

□问不亡定谩者訾遣诣廷问之船亡审汇□迺甲寅夜水多汇流包船=□

绝亡求未得此以未定史逐将作者氾中具志已前上遣佐壬操副诣廷

敢言之

这是一件迁陵县司空和县丞两级官吏之间的往来文书。此简记录了公船的特质和用途，说明了酉水航运能力等信息，也反映了秦代县级行政长官干练果断的做事风格。

后记

《在博物馆里富养孩子》系列丛书终于要在2023年春节前后与读者见面了。这套丛书包括《周礼天下》《秦皇帝国》《大汉雄风》《盛唐气度》四册。八年前筹划、调研之后，我们着手开始创作编写，历时四年零六个月。去博物馆是一个富养孩子的好路径，博物馆里多元的文化力量和丰富的历史内涵可以让孩子们在博物馆里得到精神上的富养。

西安，一座历史厚重的千年文化古都。每年有数百万游客慕名而来，参观名胜古迹、品尝美食、了解风土民情…… 然而，旅行时间紧，景点人多，参观体验不全面、不系统，收获甚微。

2014年，我们团队就开始筹划，怎么才能让大家，尤其是孩子们来西安有古迹看、有故事听、有美食吃、有文化读，让西安不只是曾经去过而已。

经过长时间的调研了解，2018年暑假结束后我们开始这套书的创作。因为文物是对历史“最真实、最直接、最客观”的反映，有“补充历史、证实历史、纠正历史”的功能，而且几乎没有受到其他因素的干扰和影响，能够真实、准确地再现历史，所以我们决定以周、秦、汉、唐时期的文物来讲述陕西这块土地上厚重灿烂的中华文明。

在编撰过程中，我们注重专业知识的丰富、扩展和深化，多次进行实地调研，力争搜集更多的第一手资料。秦朝的历史文化不仅有举世闻名的兵马俑，还有湖北云梦和湖南里耶出土的秦简，这三处大发现给世人全面地再现了那段波澜壮阔的大秦史实。当我们得知湖南里耶秦简的发掘者张春龙老师将在长沙博物馆有一场关于秦简的专题报告时，当即赶赴长沙，聆听讲座。当时，长沙博物馆正在举办“从里耶到长沙”主题展，讲座和展览使我们收获颇丰。参观完湖南博物院和长沙简牍博物馆的第二天，我们直接赶往秦简发现地——湖南湘西里耶。在此感谢里耶秦简博物馆馆长周东征先生及高级讲解向玉梅女士的热情接待和详细介绍。为了系统全面地讲述周、秦、汉、唐四个时期的历史，我们先后多次到中国国家博物馆、首都博物馆、河北博物院、中国文字博物馆、河南博物院、洛阳博物馆、湖北省博物馆、云梦祥山博物馆等19家博物馆，以及陕西省内的12家博物馆与相关遗址实地考察。

经过多次修改、完善，此书最终以“文物解密”“名人访谈”“与文物对话”“旅行日记”“超级点评”“精彩互动”等图文并茂的趣味方式解读文物、讲述历史。愿这套带着淡淡书香的历史经典读本为孩子开蒙启智，带领孩子知史看今、远眺未来。

在此，我们衷心感谢陕西师范大学历史文化学院教授、博士生导师，央视“百家讲坛”主讲人王双怀教授为本书精心作序，特别感谢天地辛房为本书提供了唐砚、绞胎粉盒等他的旧藏照片和专业性的建议。在南长森、蔡凌燕、张洁、赵云雁、于建群、李乾鑫、高娟、杨晓博、姚勇、谭亮、高鹏程、吴伟刚、梁思雨、王竹宝、亮亮、辛一惠等人的支持帮助下，完成了这四册书的创作，在此也表示衷心的感谢！

这套书涵盖博物馆多、时间跨度大、涉及文物面广，在创作过程中难免有所疏漏，敬请各位专家和广大读者不吝指正。

张君升　蒙刚

2022年11月于古城西安